春風亭昇太と語る
一乗谷朝倉氏遺跡

福井県立一乗谷朝倉氏遺跡博物館［編］

戎光祥出版

はしがき

「一乗谷《いちじょうだに》朝倉《あさくら》氏《し》遺跡《いせき》」、みなさんはご存じでしょうか。「この遺跡を、もっとたくさんの方に知ってもらいたい」という思いから、本書の企画がスタートいたしました。

一乗谷朝倉氏遺跡は、今からおよそ五〇〇年前の戦国時代《せんごくじだい》の城下町跡《じょうかまちあと》が、ほぼそっくり残されている、「奇跡のタイムカプセル」とも言える、日本を代表する中世都市《ちゅうせいとし》遺跡《いせき》です。

二七八ヘクタール、実に東京ドーム六〇個分もの広大な土地全体が国の特別史跡《とくべつしせき》（国宝級《こくほうきゅう》の史跡）に指定されています。また、四つの庭園《ていえん》が特別名勝《とくべつめいしょう》（国宝級の名勝）に、さらに、これまで五〇年以上にわたる発掘調査《はっくつちょうさ》で一七〇万点を超える遺物《いぶつ》が出土しており、このうち二三四三点が重要文化財《じゅうようぶんかざい》に指定されています。とても貴重な、すごい遺跡なのです。

しかし、福井に住む私たちにとってはなじみ深いこの遺跡なのですが、残念ながら、全国的にはあまり知られていません。このため福井県では、令和四年（二〇二二）十月一日に、この遺跡へのゲートウェイ（玄関口《げんかんぐち》）として、「福井県立《ふくいけんりつ》一乗谷《いちじょうだに》朝倉《あさくら》氏《し》遺跡博物館《いせきはくぶつかん》」（愛称：あさみゅー）を新しくオープンしました。

博物館では大量の出土品《しゅつどひん》から厳選した実物の文化財を多数展示しており、本書にも登場する巨大な城下町ジオラマなどの目玉展示も見応え十分です。さらに、戦国衣装の着付け体験や焼き物パズル、おいしいカフェやショップもあり、歴史《れきし》好きの方はもちろん、こどもや若い方など家族《かぞく》みんなが楽しめるよう、さまざまなメニューをご用意しています。

当館はJR福井駅から電車やバスで約二〇～三〇分とアクセスも良く、令和六年（二〇二四）三月十六日には、北陸新幹線《ほくりくしんかんせん》が福井・敦賀《つるが》まで開業し、東京駅から福井駅まで乗り換えなし、

三時間弱でお越しいただけるようになったこともあり、おかげさまで来館者や遺跡への来訪者も増えてきています。ですが、まだまだご存じでない方も多くいらっしゃると思います。

余談ですが、この遺跡で初めて発掘調査が行われたのは昭和四十二年（一九六七）。それ以来、五〇年以上にわたって発掘や調査研究《ちょうさけんきゅう》が行われています。令和六年（二〇二四）も、遺跡の上城《かみき》戸《ど》跡付近の約六五〇〇平方メートルを発掘調査し、多くの成果が得られています。一方、これまでの約五〇年で発掘調査した面積は一六・五ヘクタールであり、国特別史跡の指定面積二七八ヘクタールの一割にも達していません。いまだ九割以上が未発掘のまま残されているのです。もちろん、今後も発掘調査は継続していきますが、単純に五〇年で一割としても、全体を発掘するには五〇〇年以上かかる計算になります。つまり、一乗谷朝倉氏遺跡は、今もなお〝進化を続けている〟遺跡でもあるのです。

このような知られざる福井の宝である「一乗谷朝倉氏遺跡」や博物館について、基本的なことや専門的・学術的なこと、学芸員《がくげいいん》の裏話などを盛り込んで作ったのが本書です。この遺跡のことを聞いたことがない方も、知っている方や実際に来ていただいた方も、きっとご満足いただける内容になっていると思います。春風亭昇太師匠と執筆者の方々に心より感謝申し上げます。

皆様、ぜひ本書を手に取り読んでいただいて、そして福井に来て、現地の遺跡や博物館を実際に訪れていただき、その素晴らしさや本物が持つ迫力を、存分に味わっていただきたいと思います。お待ちしております。

それでは皆様、ようこそ一乗谷へ！

令和七年三月

福井県立一乗谷朝倉氏遺跡博物館　館長　清水邦夫

目次

第2部　一乗谷と朝倉氏を学ぶ

一乗谷古絵図　福井市・安波賀春日神社蔵

一乗谷朝倉氏遺跡イラストマップ

一乗谷には遺跡空間と集落の生活空間が共存しています。
探索や写真撮影の際には集落の方々へのご配慮をお願いします。

トイレ　食事処　休憩所　駐車場　遺跡周遊バス停留所　レンタサイクル

道路跡園路　その他の経路

凡例

一、人名・地名・歴史用語などに適宜ルビを振った。読み方については各種辞典類を参照したが、歴史上の用語、とりわけ人名の読み方は定まっていない場合も多く、ルビで示した読み方が確定的というわけではない。

一、掲載写真のうち所蔵や提供先を記していない場合、福井県立一乗谷朝倉氏遺跡博物館所蔵もしくは執筆者提供の写真である。

一、「戦国時代」と「戦国期」、「朝倉館」と「義景館」、「畝状竪堀」と「畝状空堀」など、各執筆者間で用語の統一を行っていない場合がある。

一、本書の編集にあたっては各執筆者、福井県立一乗谷朝倉氏遺跡博物館および福井県交流文化部文化・スポーツ局文化課の職員で校正にあたった。

巻頭インタビュー

撮影：片岡杏子

名誉お屋形さま・春風亭昇太が語る

一乗谷朝倉氏遺跡と博物館の魅力

まるごと残っている奇跡のような遺跡

——春風亭昇太師匠《しゅんぷうていしょうたししょう》の考える、「中世城館《ちゅうせいじょうかん》の魅力」は何でしょうか。また、昇太師匠が興味を持ったきっかけを教えていただけますでしょうか。

僕は静岡《しずおか》市《し》清水《しみず》区《く》二《に》の丸町《まるちょう》で生まれまして、中学生のときに二の丸がお城の用語ぐらいのことは知っていました—現在は何も残っていない所です—が、調べたら、そこに江尻《えじり》城というお城があったっていうことがわかったんですね。

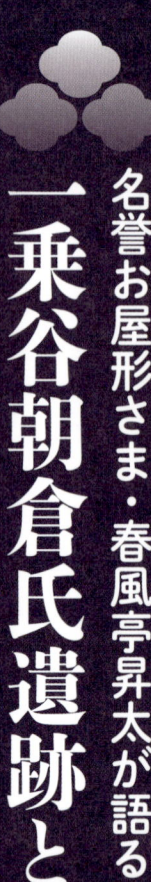

僕は城というと県庁所在地に一個ぐらいだと当時思っていたのですけど、そうではなくて、すごいたくさんあるということがわかり、僕の住む地域にもお城や館《やかた》の跡が昔はたくさんあったということを知りました。それで、お城に興味を持って、静岡県内でしたけど、中学生の頃からお城を見に行くようになりました。

その中で近世《きんせい》の城よりも中世《ちゅうせい》の城が好きなんですけど、それは調べれば調べるほど中世の城のほうがバラエティー豊かだということがわかったからです。近世になると全国で城の作り方な

図１◉インタビュー風景

どがどうしても統一されてしまいます。ところが、中世の城は目的や使い方、作り手、あと地質といった地域にいろいろ特徴があるっていうことがわかってきまして、いろいろなタイプの城があり、また地域の特色が出るっていうところが中世城郭《じょうかく》の魅力だと感じています。

——中世城郭の魅力を感じる中で、一乗谷《いちじょうだに》を初めて訪れたのはいつぐらいですか。

大学生のときです。僕は文学部史学科《ぶんがくぶしがくか》に所属していて日本史《にほんし》の勉強をしていたのですが、当時は古代史《こだいし》の先生が多くて、お城を調べている先生も身近にいなかったので、個人的に好きという状況でした。ただ、中世のお城というとやっぱり一乗谷だなと思ってはいました。そのときに落語研究部《らくごけんきゅうぶ》にも所属していて、この部では慰問旅行《いもんりょこう》がけっこうあるんですね。全国の老人ホームを訪ねて、そこで落語をやらせてもらうような。その中で福井県も訪ねまして、じゃあちょっと近いから、一乗谷にも行こうっていうことで行きましたね。もう四五年ほど前です。

でも一乗谷では調査みたいのはもう始まっていたと思います。それもあって行ってみようという気持ちになりました。

――一乗谷城にもそのときに登られたのですか。

実はそのときは、行けなかったんですよ。時間がなかったのとまだ登城《とじょう》ルートがちょっとわからなかったのです。今は登城ルートが四つありますが、普通じゃ迷子にもなります。一人で行ったこともあって、そのときは登りませんでした。

それよりも館《やかた》のところでもうお腹いっぱいだったっていうのがあります。中世好きとしたら大名《だいみょう》の館がそのまま残っているっていう例がほんとうに少ないので、一乗谷はそのま

図2●朝倉館跡の唐門

ま手つかずの状態で残っていて、ちょっとこう、うっとりするような気持ちになったということがあります。

――そういう気持ちをもたれている中で、一乗谷朝倉氏遺跡《いちじょうだにあさくらしいせき》の名誉《めいよ》お屋形《やかた》さまに就任されたということで、率直なところどう思われたのでしょうか。

それは嬉しかったです。やっぱり城好きなので、「お屋形さま」と呼んでもらえますし、また直接学芸員《がくげいいん》の方からお話も聞けるので、一般の城好きからしてみればありがたいですし、この仕事に就いて良かったなと感じています。

また、福井県では中世史が最近すごく注目されているじゃないですか。ほんとうに僕が大学生の頃は日本史といえば古代史だったので、なかなか中世は研究対象《けんきゅうたいしょう》となっていなかった印象もあります。今でも全国の歴史博物館などに行くと、やっぱりほぼ古代の展示なんですよね。六割から七割が古代で、中世がちょっとあって近世《きんせい》・近代《きんだい》へ飛ぶっていう印象があります。

そういう中で、福井県では中世の発掘《はっくつ》が今すごく進んでいて、そういう遺跡が残っているのがうらやましいです。

――一乗谷に関連してなのですが、一乗谷を治めていた朝倉氏の当主《とうしゅ》で好きな当主はいますか。

朝倉氏というと織田信長《おだのぶなが》にやられちゃった大名なので、きらびやかな暮らしをしてい

図3●朝倉孝景画像　福井市足羽・心月寺蔵

図4 ●一乗谷空撮

たら、信長に倒されてしまったみたいなイメージを持っている方が多いですが、ところが、けっこうな武闘派《ぶとうは》なんですよね。好きな当主をあげるのは難しいのですが、朝倉氏のそういう土台《どだい》を作った人、戦国初代《しょだい》の孝景《たかかげ》はおもしろい武将かなと感じています。

――つづいての質問になりますが、具体的に一乗谷のここがすごいなというところがありましたら教えていただけますか。

やっぱり、〝まるごと残っている〟というところです。中世の時代が手付かずで残っていたっていう、もう奇跡みたいなところが魅力です。

たとえば、もともと城があったところに新たなお城とか町を新たに作ることも多いじゃないですか。そうした中で、朝倉氏が治めていた時代がそっくりそのまま残っているっていう、その後の人の手が入ってないっていう

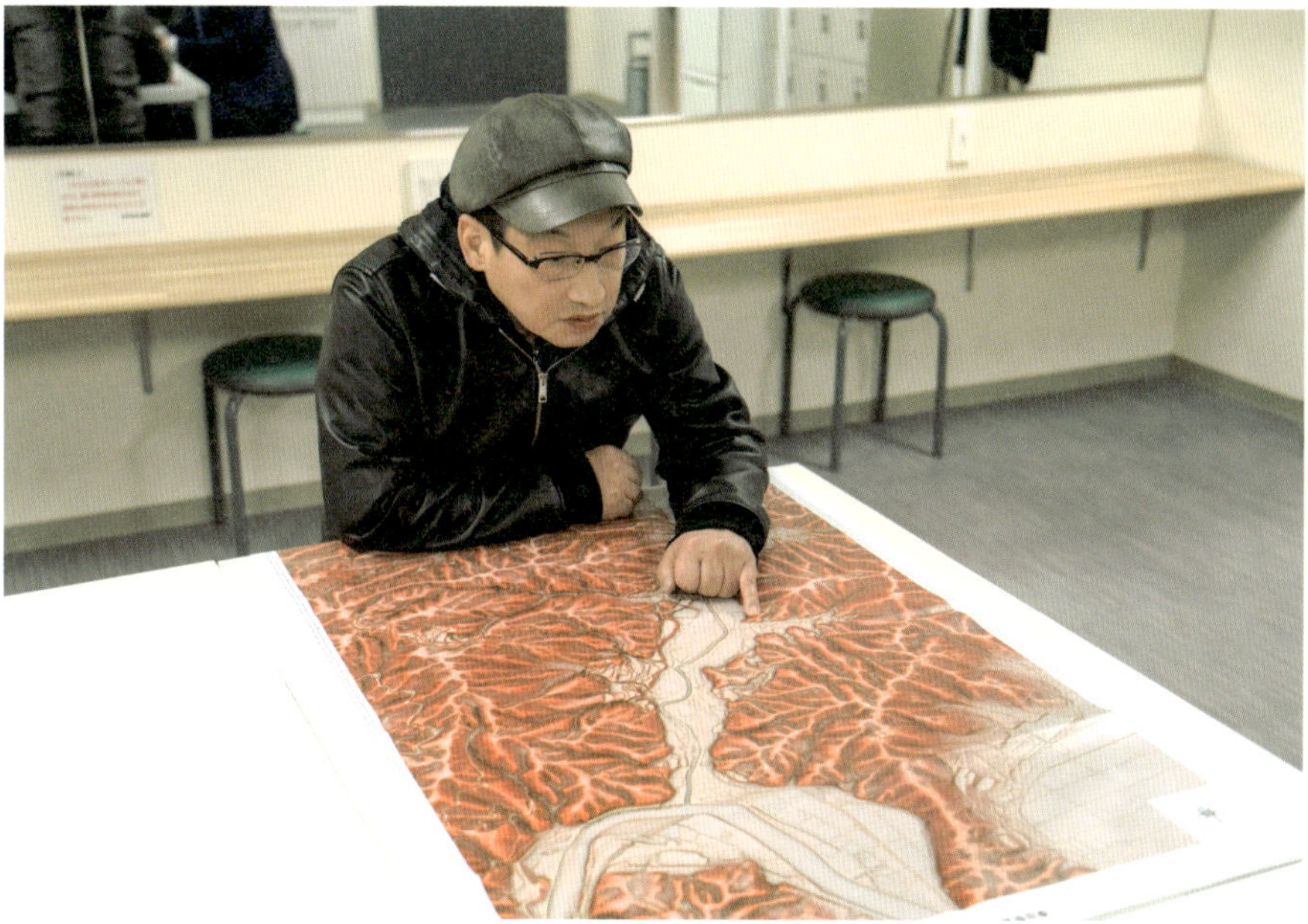

図5●赤色立体地図をみる春風亭昇太師匠

のがすごいなと思います。加えて、都市《とし》をお城で囲んでいるような感じのところで、それがちゃんと残っているということが改めてすごいなと思いますね。

あと調査が進んでいるということですよね。調査が始まって何年目でしたでしょうか。

——もう五〇年以上調査しています。現在は上城《かみき》戸《ど》跡周辺を調査しています。防御施設《ぼうぎょしせつ》の解明が目的の一つです。

防御施設の仕組みとかシステムみたいなものがしっかり残っているっていうのも稀有《けう》な例だなと感じますね。

あと、やはり朝倉氏の大名としての力みたいなものをすごく感じますね。半世紀にわたって調査しつづけてくれているので、全容が徐々に明らかになりつつあるので、まだまだ死ねないなって感じです(笑)。また、ガイダンス施設とか、町並みを再現してイメージしやすくしている点もすごいですね。

ところで、一乗谷朝倉氏遺跡の赤色立体地《せきしょくりったいち》図《ず》をみると古墳《こふん》がすごく多くありませんか。

——一五〇基《き》ぐらい古墳があります。

そうすると、一乗谷は古代から中心の地だったということですよね。その両サイドの山並みが巨大な土塁《どるい》のように都市を守っていくっていう規模感もすごいですよね。

一乗谷の空気と音に触れる

——つづきまして、一乗谷のおすすめスポット一〇選ということで博物館で五つ、遺跡内で五つあげていただけますでしょうか。

博物館からいきますと、一つ目はミニチュアの町並み再現（城下町ジオラマ）ですね。あのジオラマをみると、有数な中世都市だったと実感できます。ジオラマの人形一つ一つを

図6 ●一乗谷朝倉氏遺跡博物館の外観

見ても楽しいですね。

二つ目は、館（朝倉館原寸再現）を博物館内に作ったところです。博物館内で勉強しやすいものがちゃんとあって、そのうえでたくさんの遺跡をみてほしいというのが良いですね。

三つ目は道（石敷《いしじき》遺構《いこう》）です。実際に発掘されて出て来た道を見ると、より鮮明に中世の人たちのことが頭に浮かんできます。ここを歩いていたのかっていう思いが出てきます。

四つ目は体験型の展示をしているところです。探究《たんきゅう》ラボ（実際の発掘調査で使われている器具や研究の仕組みが解説されており、実際に使われているものに触れて、使い方や調査手法を体験できる場所）で子どもたちが興味を持ってくれて、ゆくゆくは研究者になっていくのではと感じます。体験という意味では、朝倉館原寸再現の場所で戦国の衣装を体験できるのも良いですよね。

五つ目として、博物館の建物自体が割と好

図7●朝倉館原寸再現

きなんですよね。上品で一乗谷の雰囲気を邪魔しないような建物の色味や建て方をみると、細やかな配慮も感じますね。

やっぱり博物館は楽しくないとだめだと思います。もちろん勉強の場ではありますが、少しずつ頭の中に中世の時代みたいなものが入っていくっていうのが良いのではと思います。

つづいて遺跡のほうですね。まず一つ目は庭園《ていえん》です。戦国大名は戦いのイメージが強いのですが、庭園のように文化面も同時に持っているというのがよくわかります。いまの福井県という場所が日本海と京都をつなぐ場所じゃないですか。当時の時代のことを考えると、日本海側が一番重要なルートですから、そこと京都を結ぶという場所というのはやっぱりそうとうな要《よう》衝《しょう》で、文化度の高さを感じます。

二つ目は館ですね。方形《ほうけい》の居館《きょかん》というのが好きなのですが、背後が山になっている配置もおもしろいなと感じています。

三つ目は一乗谷城ですね。現地に行ってみると、そうとうな規模なのです。お城にかかわる技術をどんどん取り込んでいって、とくに畝状竪堀群《うねじょうたてぼりぐん》がすごいですね。一四〇本もあって、朝倉氏は何がしたいんだっていう（笑）。一方で、そういう意味でいうと、危機感も感じます。これだけがんばって防御を強化した背景も気になります。

四つ目は谷をおさえる上城戸《かみきど》・下城戸《しもきど》です。土塁好きとしては上城戸が好きで、すごいきれいですしね。下城戸はあれだけ石垣《いしがき》に巨石を使っているというところで当時の朝倉氏の力みたいなものがよくわかって、すばらしいと思います。

五つ目はずっと一貫しているところですけど、全域すべてが朝倉氏の遺跡だということですね。これだけの規模感で残っているところはそうないので、すごいなと思います。

――それでは、最後にこれから一乗谷に行く方へメッセージをお願いいたします。

一乗谷は行くたびにいつも思いますが、雰囲気がすごく良いんですよね。ほんとうに現地に行かないとわからないのですが、凛《りん》としたとした空気感みたいなものを感じます。それは、季節にあまり関係なく感じることができますし、〝中世の空気〟みたいなものも感じられる場所だなと思います。

あと、〝音がしない〟というところです。市街地とかに立地していると、どうしても現代風の音が聞こえてくるでしょう。一乗谷は、スマートフォンの電源さえ切っておけば、中世の時代の音みたいなものを感じていただけると思います。

どうしても講談《こうだん》や映画、ドラマの影響もあ

図8◉安波賀空撮　かつては市場も開かれるなどとても栄えていた

って朝倉氏は織田信長に敗れた大名のイメージが強いですが、繰り返し述べているように日本海と京都を結ぶ場所に位置した「大都市」が一乗谷だったのです。福井県の城郭をみていると、朝倉氏らの財力も感じています。

ぜひ現地や博物館を訪れていただければと思います。

（インタビュー実施日：令和七年（二〇二五）一月十七日）

◉プロフィール

春風亭昇太（しゅんぷうてい・しょうた）

1959年静岡県生まれ。落語家。1982年に春風亭柳昇に入門、1992年に真打昇進。新作落語の創作から独自の解釈を取り入れた古典落語まで幅広く取り組む。また長年にわたる「お城めぐり」が高じ、著書の発行、城郭フォーラムのパネラー、講演、城イベントの出演も多い。

第1部 あさみゅー誕生秘話

一乗谷朝倉氏遺跡 キービジュアルの作成の裏話

宮崎 認

キービジュアルの作成とその苦労

博物館の二階に上がると左手に基本展示室があり、ここで当遺跡《いせき》に関するまさしく「基本」展示を行っている。キービジュアルは一乗谷《いちじょうだに》の戦国時《せんごくじ》代《だい》のイメージを観客の皆様につかんでいただくため、最初に観覧していただきたい展示物としている。作成のコンセプトは発掘調査《はっくつちょうさ》の成果を反映することとし、一乗谷が最盛期《さいせいき》にあった四代孝景《たかかげ》・五代義景《よしかげ》時の町並《まちなみ》を復元している。

一乗谷の最盛期を復元するという命題を与えられ、何から手を付ければよいのやら。最初は一乗谷の復元に関連する資料を集めることとした。それほど多くはないが、博物館の開館以前に作成された一乗谷の想像図がある。歴史画の第一人者と称される故中西立太《なかにしりった》氏や、香川元太郎《かがわげんたろう》氏の作品である。中西氏の作品はところせましと建物が立ち並び、朝倉館《あさくらやかた》の上空から下城戸《しもきど》方向を俯瞰《ふかん》した復元図、香川氏の作品は一乗谷全体を上空から俯瞰した作品となっている。香川氏の作品は、当館特別館長が少し関与されたようで、今回作成したキービジュアルとも共通する部分が多くなっている。

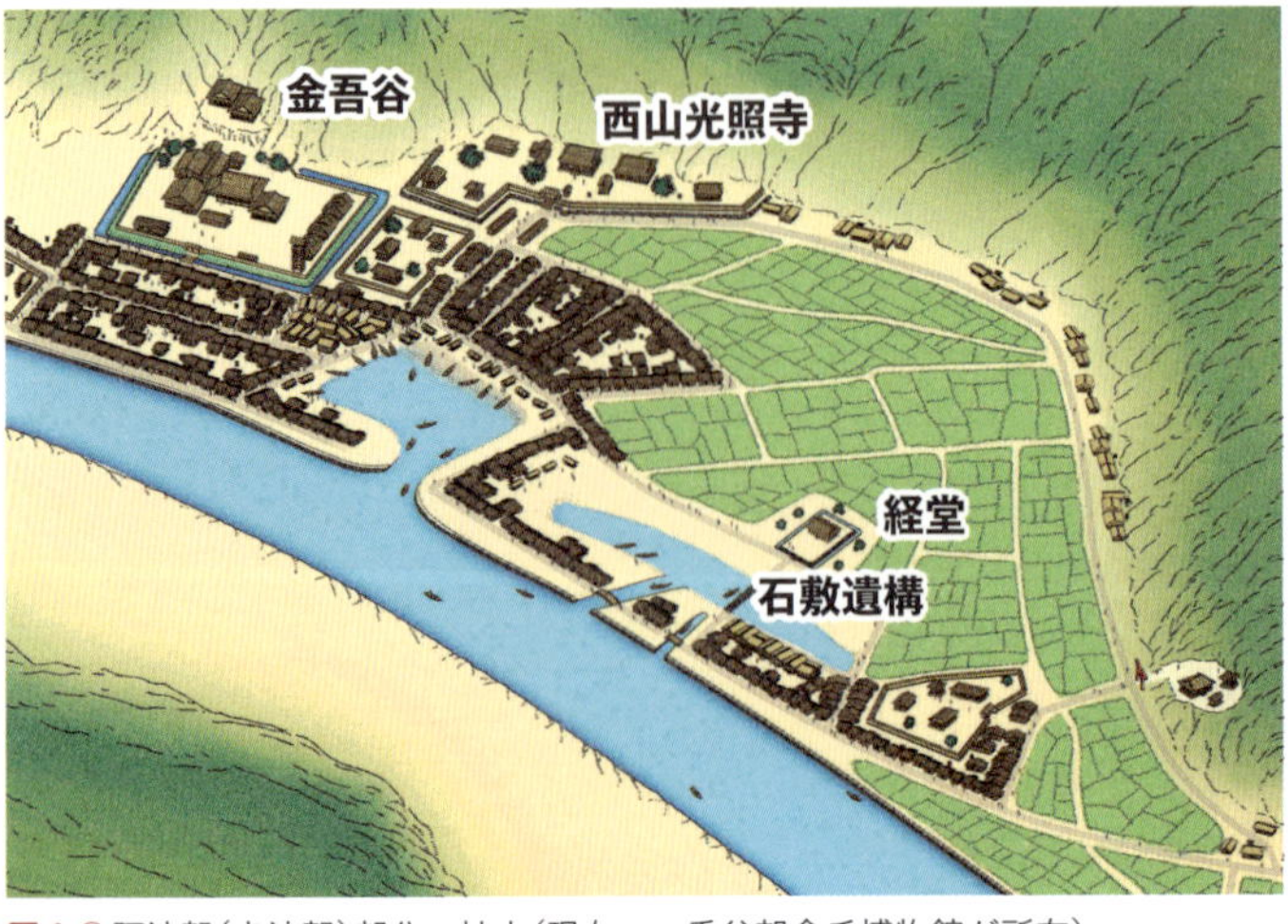

図1●阿波賀（安波賀）部分の拡大（現在、一乗谷朝倉氏博物館が所在）

今回の作成方針としては、赤色立体地図《せきしょくりったいちず》をベースに、発掘調査で確認された遺構《いこう》を正確に配置した原図《げんず》を用いて立体化、三次元モデルの俯瞰視点からキービジュアルを作成という方針であるので、残るは描画範囲《びょうがはんい》とアングルの問題となった。博物館がある安波賀《あばか》の地から御所《ごしょ》・安養寺《あんようじ》までの範囲を含め、一乗谷城もキービジュアルに含めたい。一乗谷城は高低差も距離も城下町《じょうかまち》の中心部から離れており、山城《やまじろ》を含めるとイメージよりも距離があった。リアルを追及すると思いのほか間延びした作品となることが判明した。これをふまえて鑑賞に適したアングルを複数試したが、結局、下城戸方向から上城戸《かみきど》方向を見た視点がもっともよいだろうということを博物館員で確認し、イラストの作成へと進行した。私が作成した原図の立体視をもとに、イラストレーターに二次元のイラストを描いてもらうのである。

これに並行して原図の作成を行っていたが、この作業は時間との戦いであった。博物館の展示工事を行うまでに一五〇次をこえる発掘調査が行われていたが、全体をデジタル図で統一化はされていなかった。発掘調査で確認した建物跡や道路跡などの各種遺構は、すべてが同一時期に属するわけではないので、それらの確認作業も必要であった。もっとも困難であったのは一乗谷川《いちじょうだにがわ》である。戦国大名《せんごくだいみょう》の事績《じせき》の一つに治水《ちすい》があるが、一乗谷は朝倉氏の滅亡後、管理するものがいなくなったため、大雨や洪水により一乗谷川の流路《りゅうろ》が変化し、戦国時代、城下町だったところに現在、川が流れている。ベースとなる地形図は現在の地形であるため、これを修正する作業もたいへん困難であった。

図2● 一乗谷城部分の拡大

また、五〇年以上に及ぶ調査を経てもなお、城下町はまだまだ発掘すべきところが残っている。未発掘箇所は、古絵図《こえず》に残る名称《めいしょう》、地籍《ちせき》や地形などから推定して武家屋敷《ぶけやしき》、町屋《まちや》、寺院《じいん》などを配置した。将来的に発掘調査が進み、戦国時代の様相《ようそう》が明らかになればキービジュアルも更新する必要がある。こうして一乗谷の建物や屋敷《やしき》区画《くかく》を配置すると、城下町について見えてくることがあった。

思わぬ副産物

一乗谷の紹介の中で、全盛期の人口は約一万人とよく耳にする。我々もどのあたりにその根拠がという話になるのであるが、原図を作成した段階で住居としての建物の総数を集計したところ二千をこえるため、おおむね一万人という人口もあながち間違ってはいない。むしろ厳密な谷内のみではなく、安波賀や東新町《ひがししんまち》、西新町《にししんまち》など周辺にも館や屋敷、寺院町屋が広がっていたことを勘案《かんあん》すると、一万人以上いた可能性の

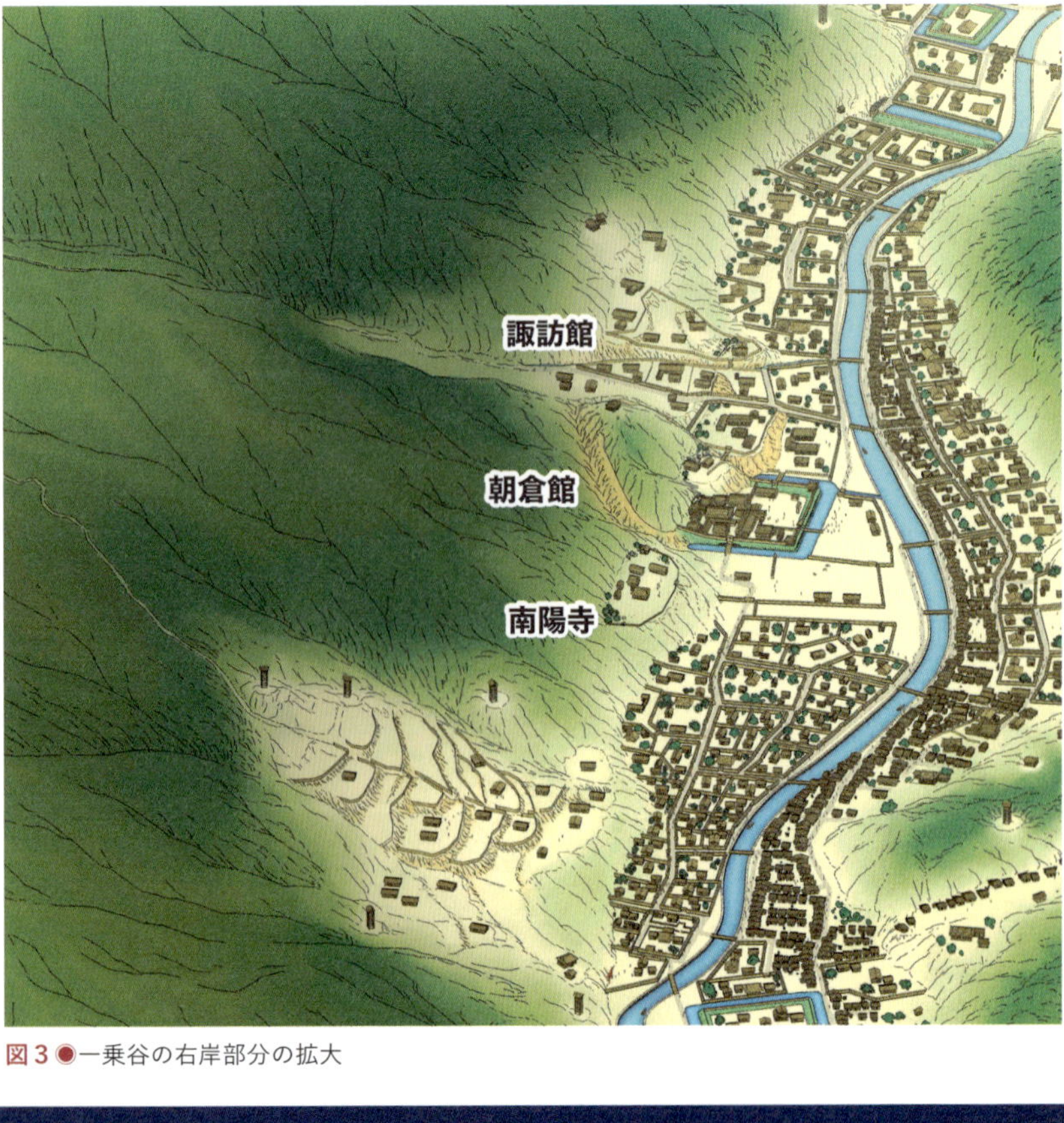

図3●一乗谷の右岸部分の拡大

ほうが高いといえる。

もう一つ、一乗谷の規格を考えると、一乗谷の左岸《さがん》と右岸《うがん》では道路や屋敷の配置に異なる点が観察できることである。左岸では復原町並《ふくげんまちなみ》や博物館の城下町ジオラマで復元された地区などの範囲で、京間《きょうま》約百尺を基準として町割《まちわり》が行われた可能性が高いことがこれまでも指摘されていた。今回の原図作成でもこれを追認することができた。一方、右岸では、新しく造り直された町並では約百尺の基準であろうと推測されたが、上城戸外部と朝倉館の下流にある武家屋敷地でその基準から外れる範囲が存在した。また、同じ範囲で道路や屋敷の軸についてもズレが確認でき、どうしても川に対して垂直に橋がかからない箇所が存在するなどした。こうした左岸と右岸の違いは、一乗谷の成立過程と密接に関係している。すでに最新の発掘調査でその痕跡が確認され始めているが、一乗谷が朝倉氏によってまったく新たに作り出された町ではないことが、今回のキービジュアル作成の中でその検証の一部を得たことはうれしい副産物であった。

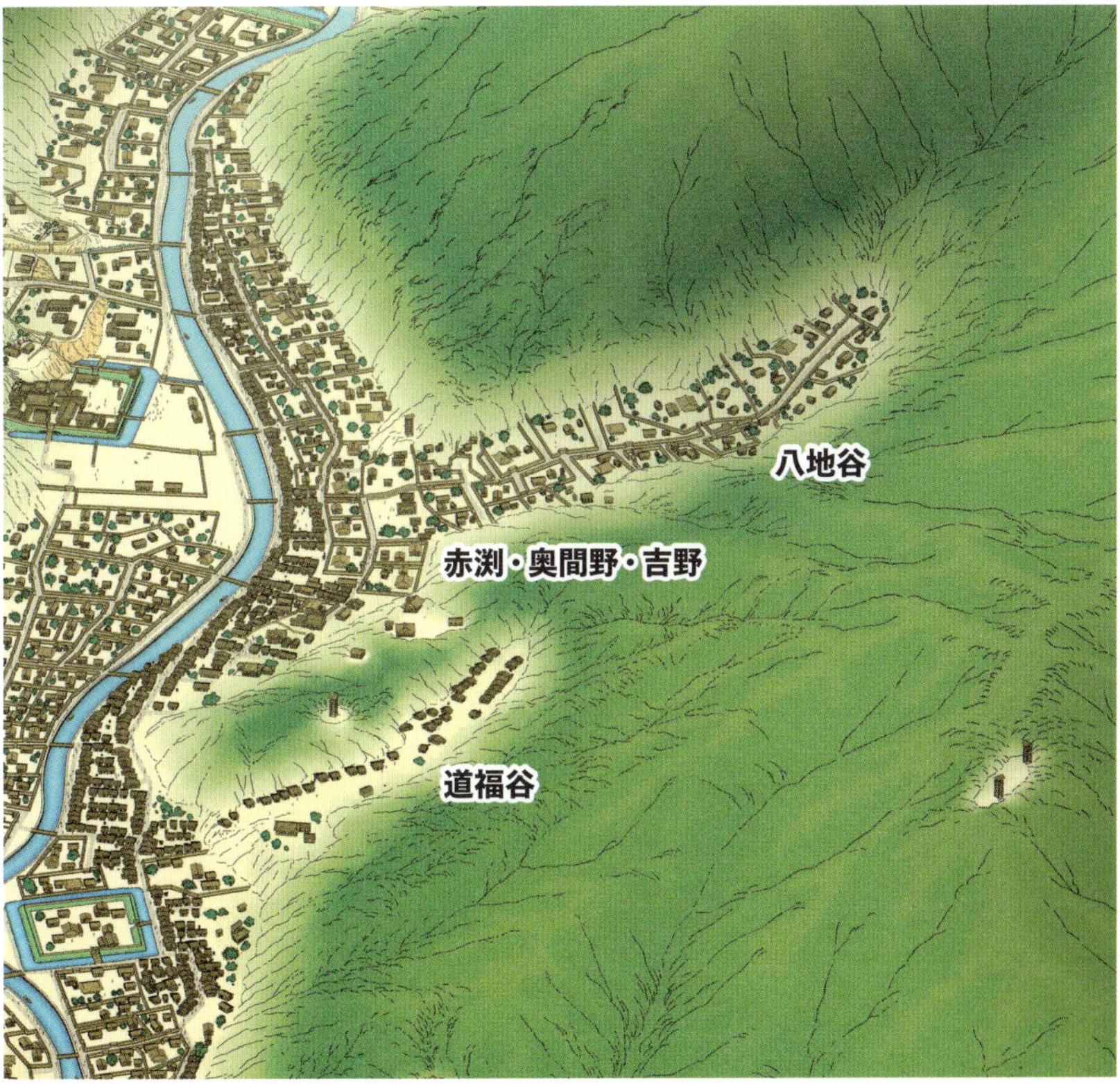

図4●一乗谷の左岸部分の拡大

御所・安養寺
（足利義昭滞在）
斎藤龍興館
上城戸
心月寺
諏訪館
山崎
朝倉館
斉藤
南陽寺
八地谷
中惣
（朝倉景鏡館）
春日神社
金吾谷
（朝倉宗滴館）
下城戸
西山光照寺
足羽川
阿波賀

図5●キービジュアル全体

三 城下町ジオラマ——戦国城下町とその賑わい

川越光洋

一乗谷の遺跡は国指定特別史跡

皆さんは特別《とくべつ》史跡《しせき》一乗谷《いちじょうだに》朝倉氏《あさくらし》遺跡《いせき》にお越しになったことがあるだろうか？

まず、日本国の指定を意味する「特別史跡」とはどのような遺跡を示す言葉なのだろう。美術工芸品《びじゅつこうげいひん》では国の宝として最上位の指定を示している言葉を「国宝《こくほう》」といい、次に「重要文化財《じゅうようぶんかざい》」という。全国には四七万件以上あるとされる遺跡（周知《しゅうち》の埋蔵文化財包蔵地《まいぞうぶんかざいほうぞうち》という）のなかで、歴史上または学術上価値の高い遺跡の指定名称として重要文化財に相当する遺跡を「史跡」といい、国宝に相当する遺跡が「特別史跡」である。その特別史跡に指定された国内の遺跡は、たったの六四件（文化庁令和六年）であり、戦国城下町《せんごくじょうかまち》の遺跡からは一乗谷朝倉氏遺跡しかないのである。本遺跡は二七八ヘクタールが特別史跡に指定されている。東京ディズニーリゾート（ディズニーランドとディズニーシーなど複合施設全体）のおおよそ三倍もある広大な面積であり、戦国期の城下町がタイムカプセルのごとく埋もれているのである（図1）。

図1●上空より一乗谷を望む

とても自然豊かで四季《しき》折々《おりおり》の風景が堪能できる現在の一乗谷は、昭和四十二年（一九六七）から始まり半世紀以上におよぶ発掘調査《はっくつちょうさ》に基づき、歴史公園として環境整備が進められている。

その一乗谷は福井県と岐阜県との境にある冠山《かんむりやま》に源《みなもと》を発《はっ》する足羽川《あすわがわ》が池田町から福井市美《み》山《やま》地区へと急峻《きゅうしゅん》な地形から福井平野に注ぎ出る地点にあり、朝倉氏が越前国《えちぜんのくに》を治めた後の時代に、織田信長《おだのぶなが》の筆頭家臣《ひっとうかしん》である柴田勝家《しばたかついえ》が北庄城《きたのしょうじょう》を築き、越前統治の地とした現在のJR福井駅がある市街地から約一〇キロメートルのところに位置する。

戦国期の城下町、一乗谷

戦国期、朝倉氏は越前国の政治拠点として一乗谷に城下町を築いた。往時の城下町を復元した鳥瞰《ちょうかん》図《ず》であるキービジュアル（図2）が示すように、街道や河川を通じて国内外から多くの人々や物資が往来した。城下町には町屋や寺院、武家屋敷が建ち並び、道路や水路、井戸、トイレなど、生活を支える基盤が整えられていた。

一乗谷の地形は、東側の一乗城山《いちじょうしろやま》と西側の御茸山《みたけやま》に挟まれた細長い谷である（図3）。その自然豊かな景観を一皮剝くと（発掘調査すると）、そこには今から約五〇〇年前の戦国期の城下町がほぼ丸ごと遺されている。東と西の山が最も迫り、谷の間を流れる一乗谷川《いちじょうだにかわ》の上流側と下流側に上城戸《かみきど》と下城戸《しもきど》という巨大な土塁《どるい》と濠《ほり》による城戸によって谷は仕切られていた。仕切られた内側は、朝倉氏当主と一族の館《やかた》を中心に、

図2●キービジュアル

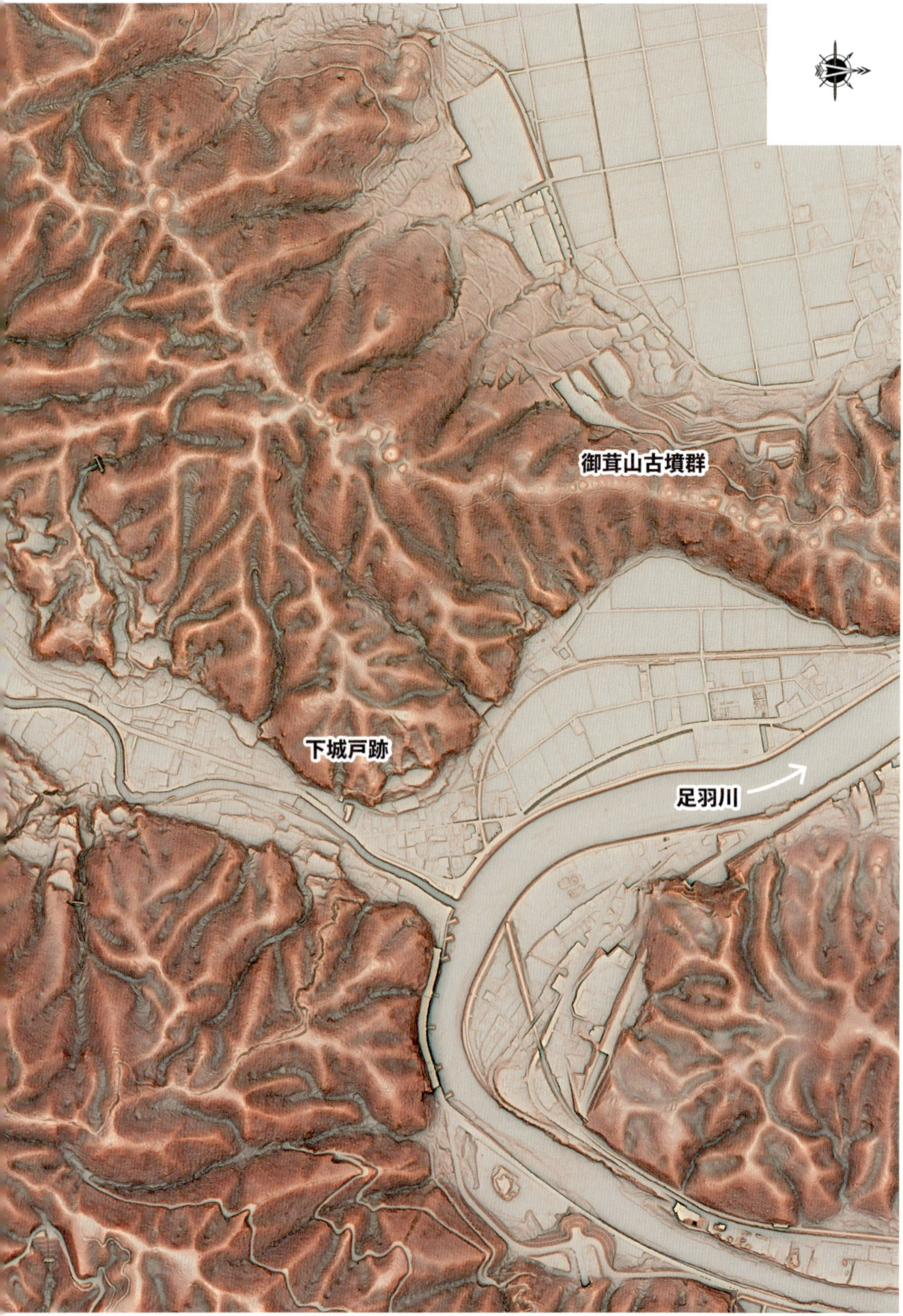
御茸山古墳群
下城戸跡
足羽川

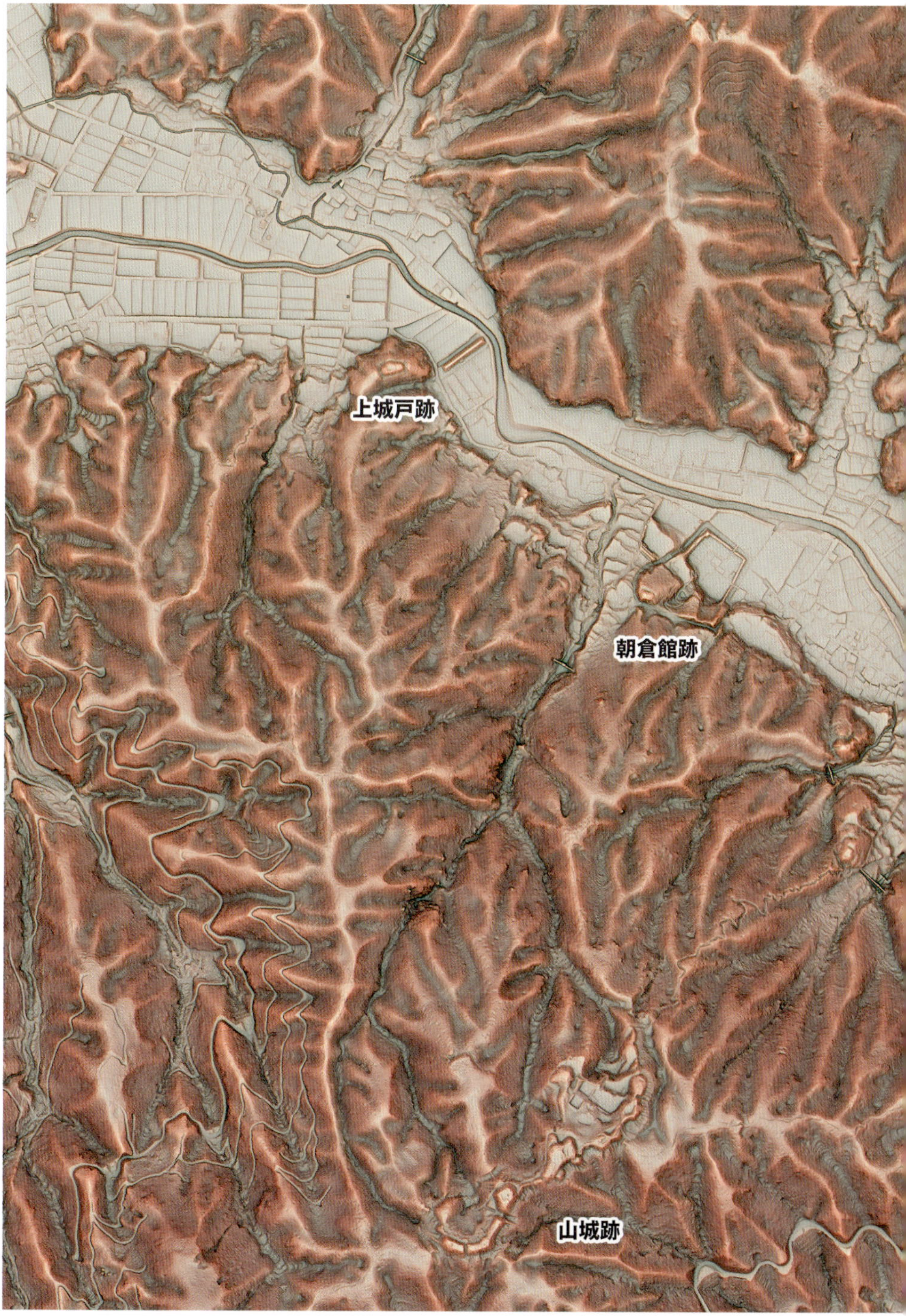

図3●赤色立体地図

町屋や寺院、武家屋敷などで構成されていた。城戸の内側に住んでいたのは、原則、当主に集住を許されていた者たちであり、その数は一万人を下らないといわれている。

また、発掘調査によって出土するさまざまな生活道具や職人たちの工具などからは、当時の生活様式や文化が目に浮かび、人々の息吹《いぶき》を感じさせてくれる遺跡なのである。「赤渕《あかぶち》・奥間野《おくまの》・吉野本《よしのもと》」という字名《あざめい》の地区は、これまでの発掘調査のなかでも遺構の残存状況がよく、戦国期の都市構造を明瞭《めいりょう》に遺《のこ》す地区であり、遺構を現地で露出《ろしゅつ》させ展示している。また、愛称「あさみゅー」の博物館二階にある基本展示室では、この城下町の風景一角を約九メートル×約六メートル規模の模型《もけい》で俯瞰する。あさみゅーでは、その巨大な城下町ジオラマで当時の生活を詳細に展示しているのだが、当時の城下町の様子を城下町ジオラマの紹介も合わせて解説したい（図4・5）。

集住する城下町

一乗谷の人々は、山裾《やますそ》から流れる水や一乗谷川を流れる水を生活用水として利用するため、常に水路や川の維持管理をしていた。また、水を安定して確保するため、多くの井戸をつくった。「洛中洛外図屏風《らくちゅうらくがいずびょうぶ》」に描かれた戦国期の京の都や他の中世都市遺跡と比べ、共同で井戸を利用するのではなく、各町屋にそれぞれ井戸が備えられていることが発掘調査からみえてきた。井戸だけではない。トイレや石積みの水路や砂利《じゃり》敷《じ》きの道路など城下町の隅々までインフラ整備が行き届いた様子がみえてくる。そして、戦国期の生活や文化を物語る多種多様な用具などが出土し、この遺跡から当時の暮らしぶりが解明されることは数えきれないほどである。

図4●基本展示室の城下町ジオラマ

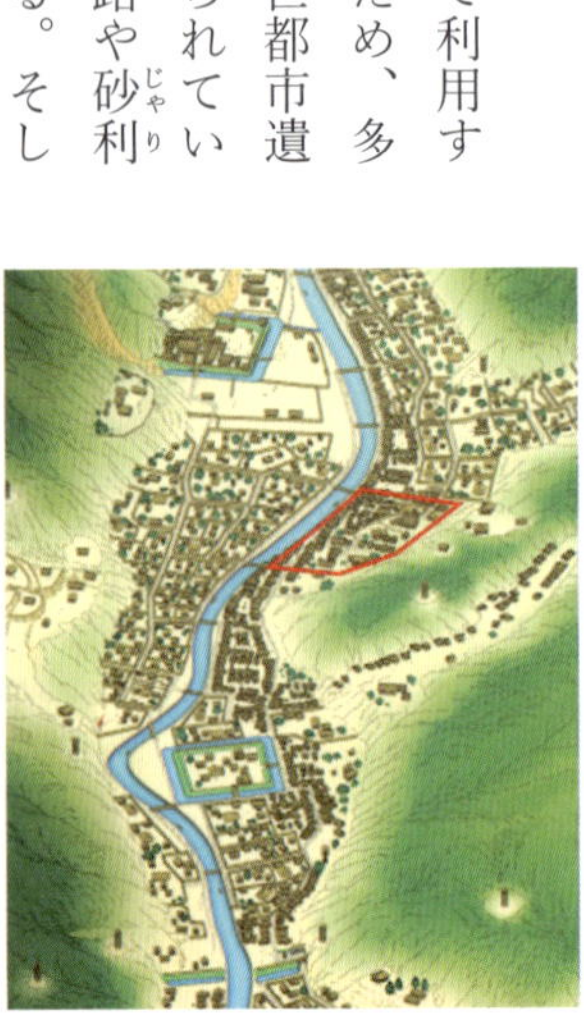
図5●キービジュアルでみる城下町ジオラマの位置図（赤渕・奥間野・吉野本地区）

また、現在の都市の生活と変わらない点でいえば、食料は城戸の外から運び込まれたもので日々生活をしていたようだ。なぜなら、半世紀以上にわたる発掘調査を行ってきているなかで、農作物をつくっていたという田畑の跡が見つかっていない。多少の自家菜園はあったとしても、食料や物資が城下町の外縁《がいえん》から運ばれてくるような、多くの人々が集住した整然と区画された都市であった。

ただし、世は戦国の時代。山には山城や櫓《やぐら》が建つ見張り台があり、平地には城戸《きど》と濠《ほり》が設けられ、道はクランクする矩折《かねおれ》や行き止まりなど防御施設もしっかり整えられた戦国城下町である。

そのような一乗谷の城下町のありようを如実に示している展示が博物館の「城下町ジオラマ」なのである。発掘調査（図6）の成果に基づき、考古学《こうこがく》や建築史《けんちくし》、庭園史《ていえんし》など関連分野の学芸員《がくげいいん》や文化財調査員《ぶんかざいちょうさいん》、さまざまな有識者が考証《こうしょう》を重ねて制作したものである。城下町における人々の生活風景を三〇分の一というスケールで生き生きと再現した。その中からいくつかの場面を取り上げることで、戦国期のくらしの一端を紹介する。

再現された城下町

城下町ジオラマで再現した地区についてふれたが、城下町の中心部に近い「赤渕・奥間野・吉野本」と呼ばれる地区である（図7・8）。この地区は、戦国期の城下町の様子をもっとも良く残している地区の一つである。遺跡現地では、発掘された建物跡や井戸などの遺構が観察できるように整備され、露出展示されている。

では、当時、どのような風景が広がっていたのだろうか。城下町の区画の基準となっ

図6●発掘調査風景（第51次調査）

図7●ジオラマ再現地区（赤渕・奥間野・吉野本地区）遺構合成写真

ているのが、谷を南北に貫く「大通り《おおどお》（南北幹線道路）」である。ジオラマで再現した範囲の道路幅は四間、およそ八メートルもある。この道路沿いには町屋の区画が五〇軒以上建ち並んでいたことが明らかになってきた。「大通り」に、交差し東西に走る四～六メートル幅の道路「上殿《うえどの》の橋の通」「医師の前の小路」「サイゴー寺の前の小路」「鳥居の小路」や二～三メートル幅の道路が取り付いて街区《がいく》を形成し、山際には武家屋敷や寺院が建立されている（図9・10）。

十字路に高さ約二・五メートルもある笏谷石《しゃくだにいし》製の石灯籠《いしどうろう》（図11）が建つ「上殿の橋の通」は、『朝倉始末記《あさくらしまつき》』の「永禄十一年五月十七日朝倉屋形へ御成御門役辻固《おなりごもんやくつじがため》ノ事《こと》」に記述される。一乗谷川を橋で東西に結ぶ幅員《ふくいん》四間《けん》（約七・八～八メートル）の東西幹《かん》道《どう》で、川の東の高台に「上殿」の字名が残り、そこに向かう通りと考えられる。また、「〇〇〇小路」も南北幹道に対して辻《つじ》を成す東西道路の呼称で、橋をもたない枝道と考えられ幅員三間程度（約五～六メートル）である。

路地に建つこのような石灯籠はジオラマで示した一カ所だけではなかった。発掘調査から大小複数の石灯籠が十字路や丁《てい》字路に建っていたことが判明している。行き交う人々にとっては、密集する建物や道路の両側に連なる石垣土塀《いしがきどべい》に囲まれた中、自分が城下町のどこに居るのかを知る手掛かりとなる。往来する人々の道標《みちしるべ》となっていたであろう。

発掘調査から判明している限り、一乗谷の遺構は大きく三時期に分かれ、町割りが改変されている。そのたびに一定の地区単位でかさ上げが行われた。道路の舗装面は修理かさ上げされ、「医師の前の小路」では一〇面近く確認された（図12）。下層の遺構面よりおおよそ二メートルかさ上げしている地区もある。

一乗谷を南北に貫く幹線道路「大通り」の両側には、幅六メートルから九メ

図8●赤渕・奥間野・吉野本地区

ートル、奥行き一二メートルから一五メートルほどの短冊形の敷地をもつ町屋が軒を連ねている。このような町屋には、さまざまな職人や商人が暮らしていたと考えられ、出土品から紺掻《こうかき》や念珠挽《ずずひき》*1、鉄砲関係の職人などの存在がうかがえる。

また、「大通り」から東西道路「医師の前の小路」を西の山手方向に進むと、町屋の背後に、町屋を数軒合わせたほどの広さの屋敷が見えてくる。武士や有力商人などの屋敷と考えられ、中には医学書の断片が見つかったことから、「医師の屋敷」と呼ばれる区画もある。ジオラマ内ではこの小路の名称となるほど特徴的な発掘の成果が得られた屋敷として紹介している。

戦国期の一乗谷には約六〇もの寺院（図13）があったとされている。ジオラマでも「サイゴー寺の前の小路」を西へ進んだ山裾には寺院が並んでいる。その中の一つ、小路名にもなっているサイゴー寺という名前で伝わる寺院跡では、「南無妙《なむみょう》法蓮華経《ほうれんげきょう》」と書かれた五輪塔《ごりんとう》や卒塔婆《そとば》が多く見つかっていることから、日蓮宗《にちれんしゅう》の寺院と考えられる。その南側に位置する寺院は蔵骨器《ぞうこつき》や卒塔婆、こけら経《きょう》が大量に出土した墓地と本《ほん》

図10◉ジオラマ内の大通り

図11-1◉石灯籠　溝跡や八地谷（やちだに）を流れる川の中から倒壊した状態でみつかった石灯籠を復元したもの

図11-2◉ジオラマ内の石灯籠

図12◉道路のかさ上げを示す発掘調査

図13◉ジオラマ内の寺院

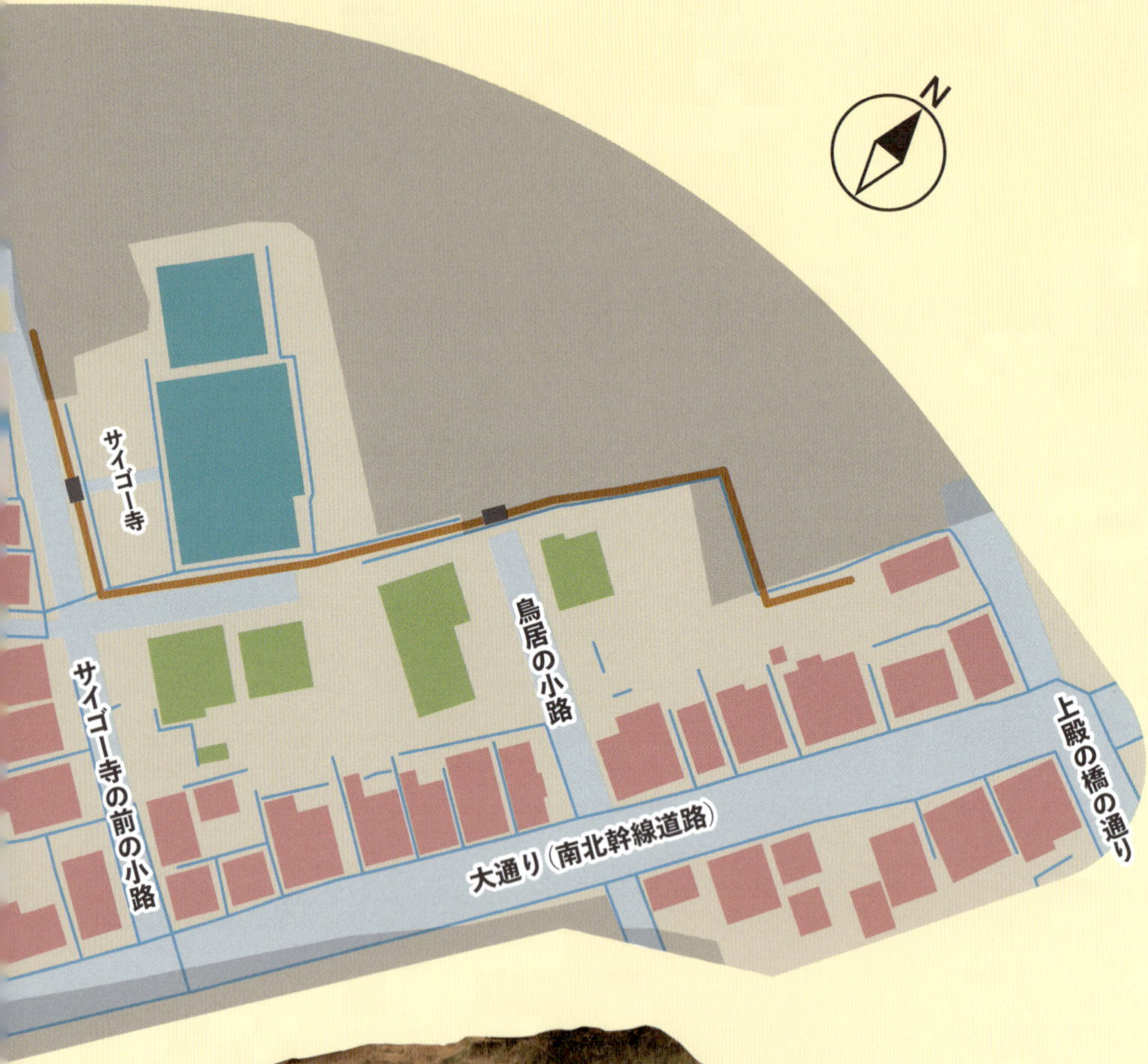

城下町ジオラマ全景

図9●ジオラマ平面図　「大通り」などの通りの名称は城下町ジオラマ用に通称を設定した

堂《どう》の遺構が確認されている。とくに墓地では子供を土葬《どそう》した墓も確認され、戦国期の葬送《そうそう》の実態を教えてくれる。

　以上のように、「大通り」に沿って、町屋・武家屋敷・寺院というように、同じような性格の屋敷群が帯状にまとまって配置されているのが特徴である。ただし、近世の城下町でみられるような、多くの寺院がまとまった寺町、紺掻の町屋がまとまった紺屋町《こんやちょう》、はたまた鍛冶《かじ》町《ちょう》といった同業者での集住ではなかった。一乗谷から見えてくる戦国期の城下町は、町屋に住む庶民も武士も僧侶たちも、隣り合う建物に住み、日常的に近い関係性で交流があったのではないかと想像できる。

　城下町の経年とともに武家屋敷だった区画が分割され、町屋に再開発された場所が確認されている。そこは表通りである「大通り」から山側に引っ込んだ所で、街路に面していない。建てられた町屋群のまんなかには砂利敷きの広場があり、共同井戸、共同トイレの様式が確認されている。いわゆる「裏店《うらだな》」である（図14）。ここでは加工中の鹿角《ろっかく》が出土しており、住人の一部は職人であったと考えられる。鹿角からは双六《すごろく》の賽子《さいころ》や駒、刀装具《とうそうぐ》の部品、扇子の骨などさまざまな骨角製品が作られる。その他にも多くの職人像がみえてくるのが、この遺跡のすごいところである。では、一乗谷で確認された職人たちのくらしをみてみよう。

図14●ジオラマ内の裏店

一乗谷の職人たち

　ジオラマの「大通り」に沿って建ち並ぶ町屋で確認された職人として、紺掻や念珠挽、金属を加工する職人がいる。

　敷地の奥に一一個の越前焼《えちぜんやき》の大甕《おおがめ》が整然と、地面に半分埋めて配置されていた町屋が確認された。越前焼とは備前焼《びぜんやき》や瀬戸焼《せとやき》、常滑焼《とこなめやき》などと並び日本遺《にほんい》産《さん》にも認定されている六古窯《ろっこよう》の一つであり、越前町《えちぜんちょう》（旧織田町《おたちょう》）周辺で大窯《おおがま》を利用して焼かれていた越前国産の陶器《とうき》である。その大甕を使用する場合、貯蔵《ちょぞう》や醸造《じょうぞう》などに利用していたと推測できる。大甕を整然と並べて使用する職人像として「職人尽絵《しょくにんづくしえ》」であらわされる藍染《あいぞめ》をする職人「紺掻」を想定した（図15）。大甕を隙間なく、地面におおよそ半分を埋めて整然と並べることで甕内の温度を保ち藍の発酵《はっこう》を促す作用が得られたのだろう。一乗谷では大甕を整然と埋めて配置した町屋は複数棟確認されている。最も多いものでは約三十基の大甕を整然と配置した町屋も確認されている（図16）。

また、水晶《すいしょう》の数珠玉《じゅずだま》を製作している「念珠挽」の職人の町屋がある（図17）。出土品には成形された数珠玉だけではなく、水晶の原石を粗割《あらわり》したものや穿孔《せんこう》途中のもの、剥離片《はくりへん》が多数あるほか、数珠玉を研磨《けんま》するための玉砥石《たまといし》も複数出土しており、製作工程がうかがえる。

金属を加工していた町屋（図18）では、高熱を利用したために、固く赤黒く変質した炉《ろ》の跡や炉を高熱にするために風を吹き起こす鞴《ふいご》の羽口《はぐち》が出土している。さらに銅を原材料にしたのであろう、熔解《ようかい》した金属を型に流し込むためのトリベに銅を主成分とした金属が付着しているものが出土している。また、別の町

図17◉ジオラマ内の「念珠挽」

図15◉ジオラマ内の「紺掻」

図18◉ジオラマ内の金属を加工する職人

図16◉第35次発掘調査で確認された埋甕施設跡

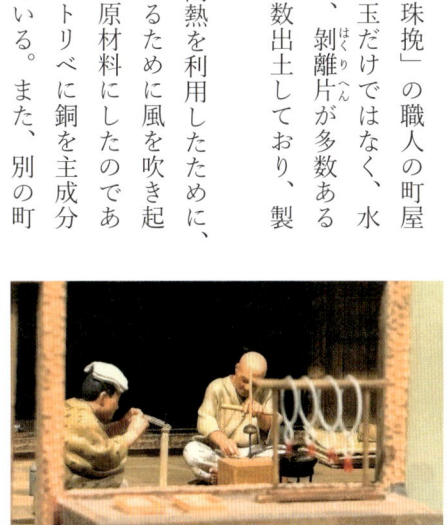

屋では金属を熔融《ようゆう》するための容器である坩堝《るつぼ》に金の粒子《りゅうし》が付着したものや、銀の粒子が付着したものが出土している。町屋の職人でさえ金や銀を加工しているのである。

また、「大通り」沿いではない区画にもさまざまな職人がいた。「研《とぎ》」（図19）や「檜物師《ひものし》」（図21）、鉄砲関連の職人（図20）、織物《おりもの》に関する職人などである。「研」の町屋周辺からは使用した砥《と》石《いし》や未使用品が出土した。砥石の主な石材は一乗谷の奥、通称「砥山《とやま》」から切り出されたものである。これらは「浄教寺砥石《じょうきょうじといし》」と呼ばれ重宝された。刀の研ぎや数珠玉製作の玉砥石《たまといし》に使用されている。

昭和五十年（一九七五）に電柱設置の工事にともない立会調査《たちあいちょうさ》が行われた。そのときに発見されたのが、火縄銃《ひなわじゅう》の部品である火縄鋏《ばさみ》や弾金《はじきがね》と金属容器に入った大小の弾丸《だんがん》、そして鉛《なまり》の棒である。弾丸の大きいものは約五一グラム、径約二・一センチメートルのものが二十三個、小さいものは約八・五グラム、径約一・二センチメートルで二二四個出土した。弾丸の材料となる鉛の棒は地金《じがね》（インゴット）で五七本あり、全部で一貫目《いっかんめ》（三・七五キログラム）に相当する。これらの遺物《いぶつ》から、発見された屋敷には鉄砲に関連した技術を持った職人の存在が想定できる。

石積みの方形《ほうけい》施設から、紐《ひも》状になったサクラの皮やヘギ板が多数出土した町屋は、これらのものが曲物《まげもの》の材料と推定される

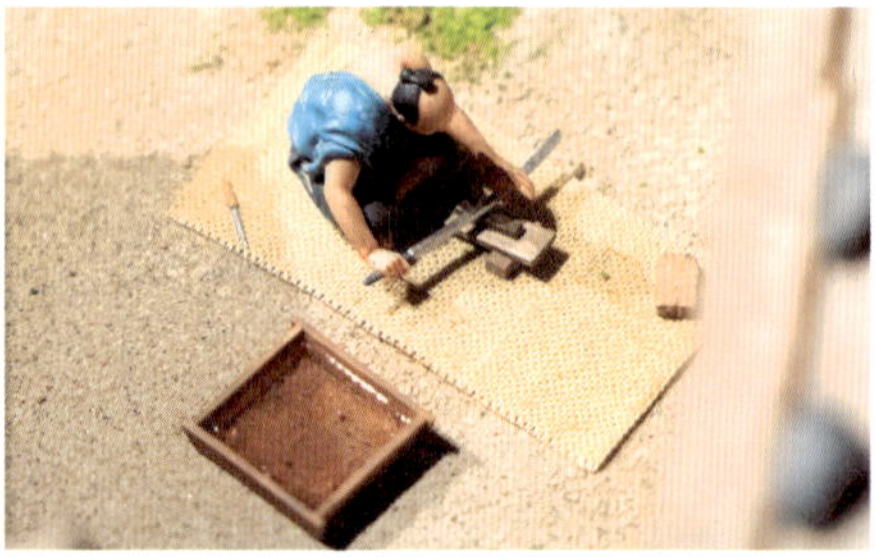
図19●ジオラマ内の「研」

図21●ジオラマ内の「檜物師」

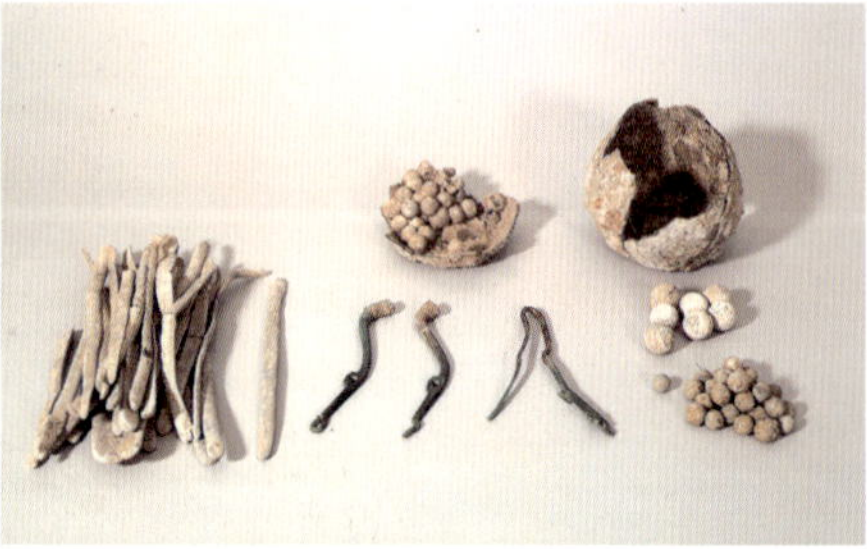
図20●鉄砲関連の出土遺物

図22●ジオラマ内の「薫物売」

ことから「檜物師」の存在を考えた。曲物はヒノキのような木目のよく通った木から薄いヘギ板を作り、これを円く曲げて側とし、底をつけて、紐状のサクラの皮などで留めた容器である。一乗谷から出土した小型の曲物の蓋《ふた》には「背腸《せわた》」と墨書されたものが出土しており、珍味を入れる容器としても使われたようだ。

紡錘車《ぼうすいしゃ》や砧《きぬた》、糸巻き、縫《ぬ》い針、鋏などの出土からは「機織《はたおり》」や「縫物師《ぬいものし》」などの織物に関する職人が想定できる。そのほか、棹秤《さおばかり》の錘《おもり》が多数出土しているが、中世の絵画資料から「綿売《わたうり》」「薫物売《たきものうり》」「薬売《くすりうり》」などの商人が使っていたものと考えられる（図22）。刷毛《はけ》の遺物からは表装《ひょうそう》を行う「経師《きょうじ》」などの職人が想定できる。漆《うるし》が付着しているヘラや器からは漆職人などさまざまな職人が同じ地区に暮らし生活していたことが確認できる。

百年以上続いた城下町である。住まいも維持していかなくてはならない。鏝《こて》が出土した町屋は、壁材を塗っている職人「壁塗《かべぬり》」を配置している（図23）。現代の鏝は中央に柄がつく形式が多いが、出土品は柄が鏝板の端部についているのが特徴である。大工道具では金槌《かなづち》や鏨《たがね》、釘なども出土している。当時の絵画資料では、「番匠《ばんじょう》」とよばれる職人がさまざまな道具を駆使して、建築に携わった姿が描かれており、工具や加工材の出土からも番匠たちの息づかいをうかがうことができる（図24）。

これまで説明した職人像とは少々違う三つの職人を紹介したい。まず一つ目はジオラマで再現した「赤渕・奥間野・吉野本」地区内に存在した職人である。これまでの町屋に住む職人像ではなく、中規模武家屋敷に相当する屋敷に住む住人である。当初は間口《まぐち》一四メートル、奥行き三三・五メートルであるが、後に東側に間口四・五メートル、奥行き九メートルほどが拡張され、最終的に約五二〇平方メートルの面積にもな

図23◉ジオラマ内の「壁塗」

図24◉ジオラマ内の「番匠」

図25◉『湯液本草』の炭化断片

る。出土品から住人は「医師《くすし》」であったと推定する。その出土品とは、薬草《やくそう》を擂《す》るための中国製の青磁乳鉢《せいじにゅうばち》や薬草を煮出した液体を注ぎ込む青磁片口鉢《せいじかたくちばち》、薬を調合するための金属製の匙《さじ》である。さらに職業を医師と決定づけたのが、炭《すみ》・焼土層《しょうどそう》に混じって炭化《たんか》した紙片《しへん》が発見されたことである。発見当初は何の書物か分からなかったのだが、クリーニングや解析を進めるうちに、その炭化紙片には「療傷」「鼓口胸」「吐血」「妊娠」「本草」などの文字が確認された。その書物は中国の医学書である『湯液本草《とうえきほんぞう》』だと判明したのである（図25）。これらの出土品からこの屋敷を「医師の家」と呼んでいる。また、住人である医師の趣向を示すような貴重な出土品もある。それが青白磁梅瓶《せいはくじめいぴん》や白磁口禿皿《はくじくちはげざら》などの中国製陶磁器《ちゅうごくせいとうじき》であり、当時でも貴重な骨董品であった。余暇を優品収集で楽しんでいたのかもしれない（図26・27）。

二つ目は、ジオラマ内の職人ではなく、朝倉館跡周辺で確認されたものである。朝倉館跡周辺には朝倉一族が住む館跡が展開する。朝倉館跡との比高差約一五メートルの高台にある特別名勝に指定された庭園をもつ諏訪館跡《すわやかたあと》はその一つである。その館跡の麓に大規模屋敷が存在する。その発掘調査では、炉跡や鞴の羽口、坩堝などと供に刀装具《とうそうぐ》である目貫《めぬき》や笄《こうがい》、鍔《つば》などの土製文様型《どせいもんようがた》（図28）[*2]が多量に発見された。この調査成果から、刀装具《とうそうぐ》を製作する金工《きんこう》師《し》の存在が明らかとなった。この文様型には獅子《しし》や龍《りゅう》、虎《とら》、亀《かめ》などの文様が施されているが、文様の型を取るために粘土塊《ねんどかい》に刀装具の製品を押し当てたものである。笄の文様型には「夕《ゆう》顔《がお》・水牛《すいぎゅう》・牛車《ぎっしゃ》」の構図で『源氏物語《げんじものがたり》』の「夕顔」の帖《じょう》を示すものや日吉大社《ひよしたいしゃ》が神の使いとする「神猿《まさる》」と呼ばれる御幣《ごへい》を抱えた猿の構図が存在し、朝倉氏をはじめ武士たちの嗜《たしな》みや信仰《しんこう》を示しており、たいへん興味深い。

三つ目は、刀装具を制作する金工師の屋敷の近隣に位置する、やはり大規模屋敷の一角から炉をもつ工房《こうぼう》跡が発見された。紫色・緑色・水色・白色のガラス玉が多量に出土し、それ

図26◉医師の屋敷から出土したさまざまな陶磁器

図27◉ジオラマ内の「医師」

らのガラス玉を科学分析すると、いずれも鉛ガラスであることが判明した。また、工房跡からは熔けた鉛塊《なまりかい》やガラス屑《くず》も多量に発見され、この工房でガラス玉を制作していたと推定できた（図29）。

紹介した刀装具を制作していた金工師やガラス玉を制作する職人は、大規模屋敷内で制作活動し、それらの屋敷は朝倉氏一族が住む館群近隣に位置する。また、刀装具やガラス玉を制作する技術はかなり高度なもので、特殊な技術を持ち合わせた職人像が想像できる。そのようなことから、金工師やガラス玉を制作する職人は朝倉氏お抱えの職人として考える。

一乗谷に存在した多くの職人像をみてきたが、町屋に住む職人、中規模・大規模武家屋敷に相当する屋敷に住む職人がおり、持ち合わせる技術なども多彩であることがみえてくる。これだけ多くの職人像を一つの遺跡で把握できるのは、やはり特別史跡一乗谷朝倉氏遺跡のすごいところであろう。

次に、城下町ジオラマでは人々のさまざまな日常生活を紹介しているのでみてみよう。

一乗谷の日常生活風景

一乗谷城下町には、そこに住む人々だけでなく、周辺の村や町からやってきた農民や行商《ぎょうしょう》人《にん》の姿もあったであろう。さらに、京の都からやってきた公家《くげ》や文化人《ぶんかじん》も賑やかな城下町を

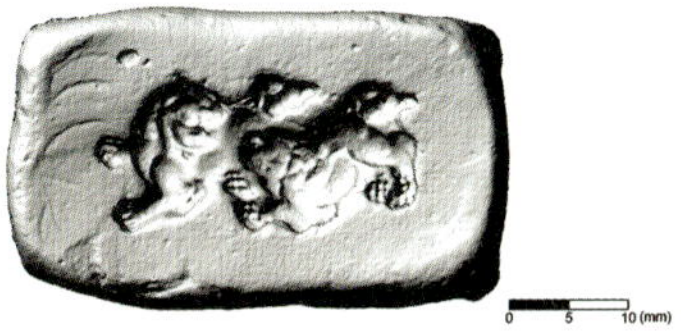

図28－1◉土製文様型「獅子」 目貫（獅子文）

図28－2◉土製文様型「夕顔」 笄（牛車・水牛・夕顔、源氏物語「夕顔」文）

図28－3◉土製文様型「神猿」 笄（猿・果実文）

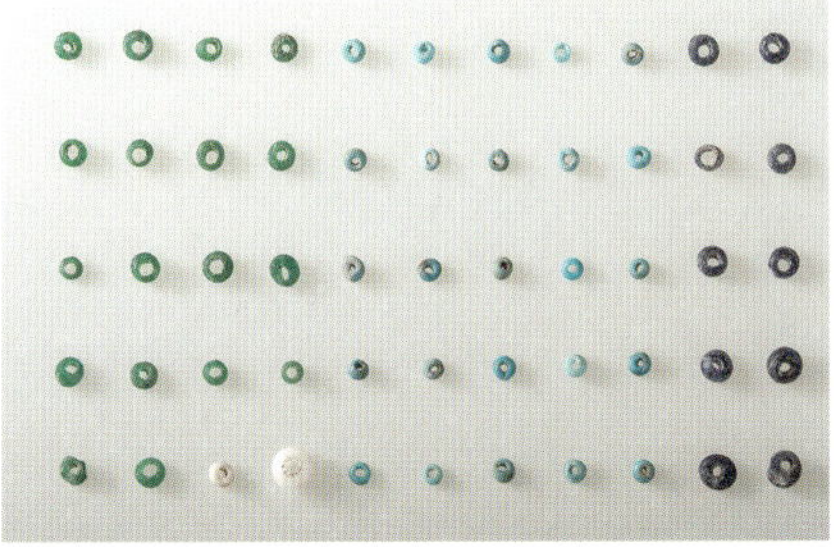

図29◉ガラス玉

見物していたに違いない。それでは、ジオラマで紹介するいくつかの場面を詳しく解説する。
出土遺物《しゅつどいぶつ》や墓地の様相から城下町にはたくさんの子どもたちが暮らし、羽子板《はごいた》や独楽《こま》で遊んでいたようである。これらの遊びには子どもの健康や成長を願う魔除けの意味もある。ジオラマ内では、先述した「裏店」の区画で独楽回しをして遊ぶ子どもたちを現した（図30）。武士たちも将棋《しょうぎ》を楽しんでいる。朝倉館跡の水濠《みずぼり》からは約一七〇枚もの将棋の駒が発見された。駒の中には「酔象《すいぞう》・太子《たいし》」と墨書されたものが混じっており、現在の将棋の直前を示す形態としてたいへん貴重な資料となっている。ジオラマ内では、漆書きの将棋の駒が発見された武家屋敷の縁で様子を再現した（図31）。また、ある武家屋敷では蹴鞠《けまり》の練習をしている（図32）。四代朝倉孝景《あさくらたかかげ》が十六歳のときに公家の飛鳥井宗世《あすかいそうせい》（雅康《まさやす》）から伝授された蹴鞠《けまり》の伝書《でんしょ》がある。武力だけでなく、文化の力によって武威《ぶい》を獲得し知らしめようとしていた朝倉氏が越前国で培った朝倉文化の一端をジオラマ内でも現した。

次に城下町のトイレ事情をお話ししよう。とある町屋の裏庭にある小さな小屋の中で、一人の男性が、慌てふためいているように見える（図33）。この小さな小屋はトイレであるが、用を足そうとしていたところ、突風が吹いて扉が開いてしまった。驚きと恥ずかしさを現した。ジオラマを見渡すと、各戸にトイレが設置されている様子がみえてくる。この慌てふためいているシチュエーションを現したトイレが、遺跡現地でいうところの「金隠《きんかく》し」といわれる木製の板が発見された石積施設を確認した場所なのである。和式のトイレで汲み取り式といっても、現在の子どもたちには目にする機会はほとんど無く想像すら難しくなっているかもしれない。

和式のトイレを利用するときは便器の前を覆っている、いわゆる「金隠し」の方を向いてしゃがむ。筆者が子どもの頃、自宅や学校の和式のトイレでは、出入口の扉の反対側を向く

図30●独楽回しのジオラマシーン

図31●将棋を指すジオラマシーン

か、扉を横にして向くかどちらかであった。ジオラマのトイレを注目してご覧いただきたいが、金隠しは出入口側についている。違和感があるが出入口の方を向いて用を足すことになる。

　ジオラマでの再現に際して、おおいに参考にし、根拠としたのが当時の絵画資料である「洛中洛外図屛風《らくちゅうらくがいずびょうぶ》」に描かれた便所（トイレ）の様子である。出入口側に金隠しをもつ便所が存在する。また、時代はさかのぼるが、鎌倉時代終わりに成立した「法然上人絵伝《ほうねんしょうにんえでん》」の中に、便所が描かれている。開け放たれた出入口の方を向いて用を足しているのは、ほかならぬ法然上人なのである。絵画史料をジオラマ再現の参考とすることで、近現代と同じような行為であるが、発掘調査からはわからなかった当時の様式や使い方の違いを現わしている。

　次に、中規模武家屋敷の一つをのぞいてみると、屋敷の主人が、床下に銭《ぜに》を貯めこんでいる様子がみえる（図34）。これは、遺跡のこの場所で実に三七八四枚もの銅銭がまとまって出土したことから再現した。銭は石積みで囲った穴に、笏谷石製の盤を据えて、越前焼の擂鉢《すりばち》で蓋をした中に収められた状態で発見された。銭自体も摩耗していない良質なものである。良銭を選別して大切に蓄えていたようである。当時の備蓄形態の一例である。

　また、別の形態で貯めこんでいた銭が発見された発掘調査がある。朝倉氏の重臣《じゅうしん》と想定される大規模武家屋敷の井戸跡の底から一万六五九四枚もの銭が、割れた越前焼の壺と供にま

図33◉トイレのジオラマシーン

図34◉ジオラマ内の備蓄銭

図32◉蹴鞠のジオラマシーン

とまって発見された。天正元年（一五七三）に一乗谷が織田信長の軍勢によって放火され、三日三晩燃やされたときのことである。一乗谷から逃れる住人の一人が越前焼の壺に貯めこんできた銭を井戸に投げ込んだようなシチュエーションが想像できないだろうか。推定の域を出ないが、きっと再起を図り、回収しに来ようと思っていたに違いない。そんな想像も膨らむ。

発掘された銭について解説する。一乗谷で出土する銭は日本を含む東アジアでかつて流通した、真ん中に四角い穴のあいた硬貨で、すべてを科学分析したわけではないが銅を主成分とする銅銭（図35）で、二万八〇〇〇枚余りを数える。これらの銅銭は、中国銭がおよそ九五パーセントと大半を占め、さらにその中でも一〇世紀半ばから一二世紀の初めにかけての北宋でつくられたものがおよそ八〇パーセントを占めている。さらに細かく銭の種類や比率をみても、日本各地で出土している銭の傾向とほぼ合致することから、日宋貿易《にっそうぼうえき》や日明貿易《にちみんぼうえき》によって、かつて日本にもたらされた莫大な量の銅銭の全体内容を反映していると考えられる。

一乗谷の城下町で出土した銅銭の状態をみると、一枚一枚が単体の場合と、数枚から数十枚が円柱状にくっついている場合がある。円柱状にくっついた状態のものは、もとは「緡《さし》」で百枚ほどが紐《ひも》で綴じられていたと推測できる。また、町屋が道路に面した溝などから数枚見つかる例もあり、実際に城下町で使われていたことがわかる。商品を求めるときにうっかり落としてしまったのだろうか。

旅する住人

令和六年（二〇二四）三月十六日に北陸新幹線《ほくりくしんかんせん》福井・敦賀《つるが》開業となり、一乗谷には関東圏を

図35◉発掘された銅銭

はじめ全国からこれまで以上に多くの旅行客が来訪されている。さて、戦国期の旅とはどのようなものであったのだろう。実は城下町一乗谷の住人の中にも旅を楽しんだ人々がいたようである（図36）。

「大通り」の端、身の丈以上ある大きな石灯籠の横を、笠をかぶった二人の男性が通り過ぎようとしている。二人は旅装束《たびしょうぞく》で、前を歩く軽装で杖をついた男性と大きな荷物を背負った男性という設定である。当時の旅は、そうとうの覚悟を持って出立していると想像する。世は戦国の時代であるのだから。では、この二人組はどこへ行こうとしているのだろうか。一乗谷を発つこの二人は、越前を出て伊予《いよ》国、現在の四国にある浄土寺《じょうどじ》という寺院を参拝することになる。この旅人たちは、いわゆる「お遍路《へんろ》さん」である。

なぜ、このように具体的な設定があるのだろうか。この浄土寺は、愛媛県松山《まつやま》市に現存する。由緒ある、真言宗豊山派《しんごんしゅうぶざんは》の寺院である。山号は西林山《せいりんざん》、三蔵院《さんぞういん》と号す四国八十八箇所霊《れい》場《じょう》の第四十九番札所《ふだしょ》に数えられる。歴史の教科書でも見たことのある木造空也《もくぞうくうや》上人立像《しょうにんりつぞう》が本堂厨子《ずし》に安置されている。杖《つえ》をつき鉦《かね》をたたきながら行脚《あんぎゃ》する姿で、南無阿弥陀仏《なむあみだぶつ》を唱えるひと言ひと言が小さな仏となって口からでる姿が脳裏に浮かぶ。室町時代の本堂と堂内の厨子は重要文化財《じゅうようぶんかざい》に指定され、本尊を安置したとみられる厨子の壁面に遠くからの巡礼者《じゅんれいしゃ》が記したとされる墨書《ぼくしょ》が確認された。その墨書の中に、「四國中ゑちせんのくに（越前国）一せう（乗）のちう（住）人ひさの小四郎 八郎」という墨書があるのである。旅先に名前を残したかったのか、仏にすがるつもりで墨書きしたのか、その真意は分からないが、一乗谷からの旅人であったことは間違いない。そして住人の名前が、ひさの小四郎と八郎である。来館し、ぜひ二人を探していただきたい。

図36●ジオラマ内の旅人

奇跡のタイムカプセル

紹介したのは城下町のほんの一部にすぎない。まだまだジオラマ内にさまざまなシチュエーションを盛り込んでいる。出土品など史資料を根拠にした。本稿では博物館の城下町ジオラマを中心に一乗谷の様子を紹介してきたが、ジオラマで再現した地区だけでなく、谷全体が当時の城下町の様相を遺しているのである。

「きてみれば柳さくらの花の園　都のけしきたちもをよばじ」と歌を詠んだのは、天文四年（一五三五）春、京の都から一乗谷を訪れた多芸な文化人で、公家の富小路資直《とみのこうじすけなお》であった。短い言葉で一乗谷の城下町の華やかさと文化の爛熟《らんじゅく》を謳歌《おうか》している。室町時代の一乗谷は都と比べられるほど栄え、最盛期には一万人を下らない人々が住んでいたといわれる。

しかしながら天正元年（一五七三）、一乗谷は朝倉氏五代当主義景《よしかげ》の軍勢を破って侵攻してきた織田信長の軍勢に火を放たれ、城下町は灰塵《かいじん》と帰した。火は三日三晩燃え続けたという。いかに多くの人びとが集住し、建物が寄り集まった谷であったかがうかがえる。

朝倉氏が滅んだ後、越前国は織田信長家臣の柴田勝家によって統治される。勝家は越前支配の拠点を、一乗谷から、現在の福井駅周辺にあたる北庄に移し、城を築き、城下町を整備した。一乗谷にあった寺院や、職人・商人たちも新しい城下町である北庄へ集団移住した様子もうかがえる。そうして、一乗谷は静かな農村地帯に変わっていったのである。

このように一乗谷は城下町として再興しなかったことが、他の戦国期の城下町跡でみられるような後の大規模な開発を免れ、焼け落ちた城下町の跡が田畑の下に良好な状態で遺された要因である。昭和四十年代には周囲で大規模な圃場《ほじょう》整備が行われる社会状況の中、一乗谷の地元の方々が遺跡を遺すことを英断された。多くの人々が長年に渡り遺跡の保護と管理に

携わってきたことで、タイムカプセルのように遺された奇跡の遺跡といえる。

残存状況が非常に良いことでの課題もある。戦国期の都市としての成り立ちを示す顕著な遺構を発掘調査から確認することは難しい。当主の館、朝倉館でさえ戦国初代孝景からの変移が解明されていない。なぜなら、遺跡全域において天正元年に焼亡した時期の遺構がほぼ残存する一乗谷は、その遺構を保護する必要がある。良好に遺《のこ》っている遺構を壊してまでして、下層を発掘調査するわけにはいかない。どのような変遷を経て巨大な要塞《ようさい》のような戦国期の城下町に発展していったのか、新たな手法や調査研究によって解明される日がやってくると期待したい。

図37●桜の名所としても知られる西山光照寺跡　撮影：片岡杏子

【註】

＊1　職人の名称やふりがなは岩崎佳枝等校注『新日本古典文学大系　七十一番職人歌合』を参照した。

＊2　図28の三点は、奈良県立橿原考古学研究所の協力による三次元形状計測図である。

【参考文献】

岩崎佳枝等校注『新日本古典文学大系　七十一番職人歌合』(岩波書店、一九九三年)

小野正敏・水藤真編『よみがえる中世六　実像の戦国城下町 越前一乗谷』(平凡社、一九九〇年)

小野正敏『戦国城下町の考古学』(講談社、一九九七年)

川越光洋編『第二十一回企画展　戦国時代の金とガラス～きらめく一乗谷の文化と技術～』(福井県立一乗谷朝倉氏遺跡資料館、二〇一四年)

櫛部正典編『第十八回企画展　一乗谷の医師』(福井県立一乗谷朝倉氏遺跡資料館、二〇一〇年)

酒井健治「戦国城下町一乗谷のくらし」(『一乗谷朝倉氏遺跡博物館　年報・紀要　二〇二二』(福井県立一乗谷朝倉氏遺跡博物館、二〇二四年)

田中祐二「一乗谷朝倉氏遺跡から知る戦国時代のくらし」(『ラジオ講座　いきいきライフ』FBCラジオ、二〇二三年)

三 戦国大名の館を建てる

——朝倉館原寸再現の舞台裏

熊谷 透

展示の概要

福井県立一乗谷朝倉氏遺跡博物館の屋内に木造で建設された朝倉館《あさくらやかた》原寸再現展示《げんすんさいげんてんじ》（図1）は、越前の戦国大名朝倉氏の当主館の一部を、発掘調査に基づいて原寸で再現した展示である。建物内や庭を見学しながら、戦国大名の暮らしぶりや当主朝倉義景《よしかげ》の目線を体感することができる。再現範囲は永禄十一年（一五六八）の朝倉館の会所《かいしょ》、泉殿《いずみどの》、小座敷《こざしき》で囲まれた中庭を中心とする約四五〇平方メートルの空間で、室内には障《しょう》壁画《へきが》や押板《おしいた》の座敷飾り、立て花など、室町時代の書院造《しょいんづくり》のインテリアも再現している。

設計段階では、発掘《はっくつ》情報の検討のほか、室町時代の文化を総合的に再現するために、建築、庭園、障壁画、錺金具《かざりかなぐ》、座敷飾り、そして立て花など、復元考証にかかわるさまざまな分野の調査を有識者指導のもと行い、再現内容のグレードや材料などの詳細を決定した。

錺金具と三具足《みつぐそく》の金工品の復元考証では、展示制作段階に至るまで、国立科学博物館・奈良国立博物館・京都国立博物館・金沢大学などと共同

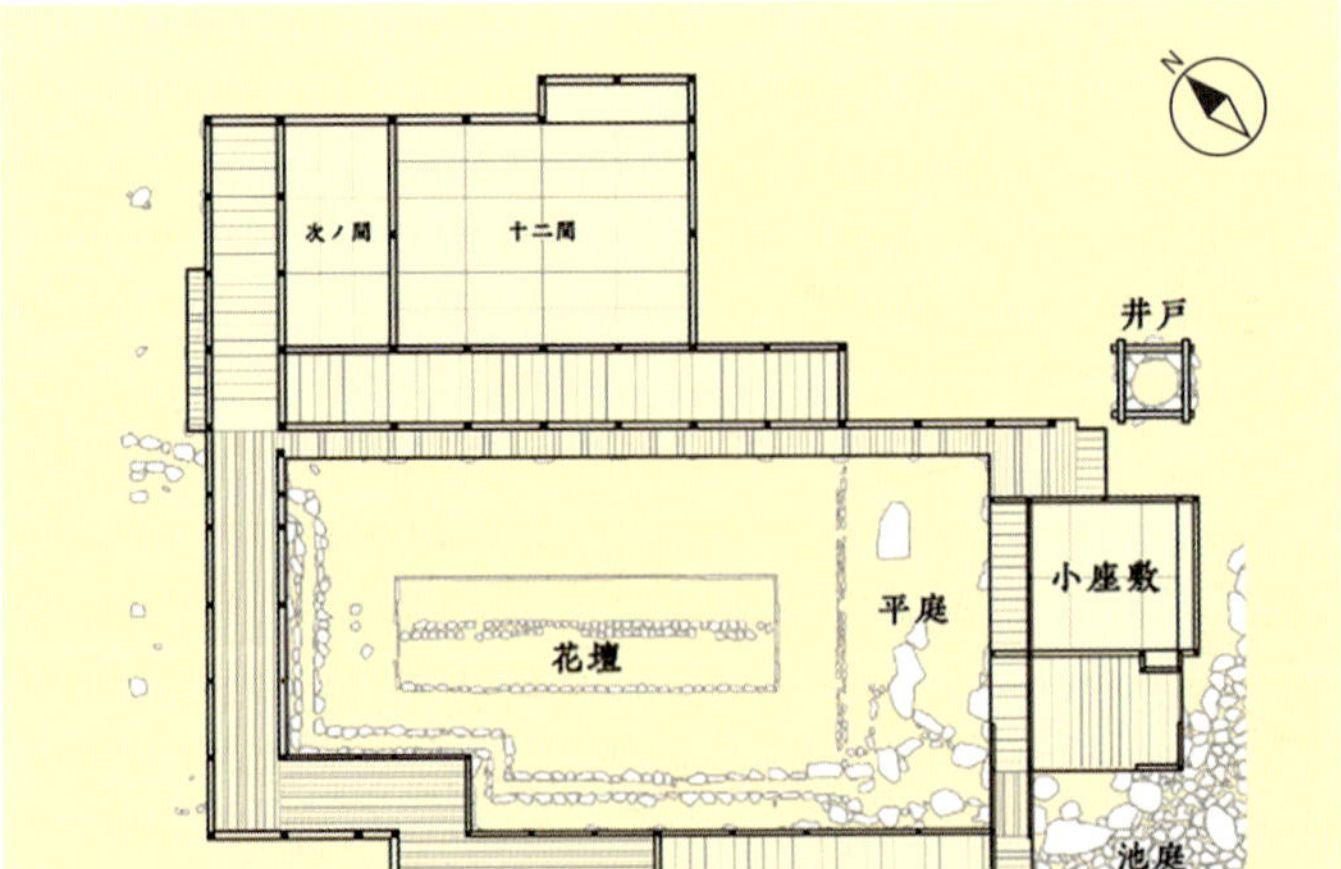

図1◉朝倉館原寸再現の配置図

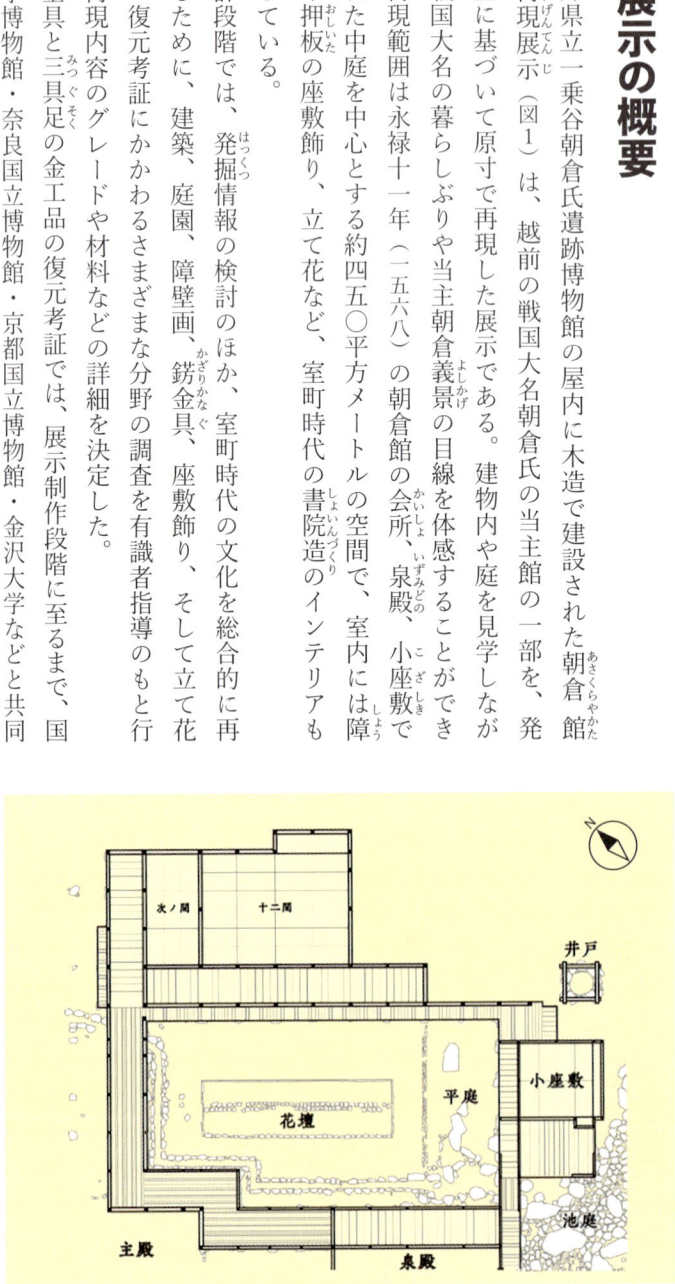

で室町時代の伝世品・出土品の自然科学分析を実施するなど、とくに外部機関の協力を得た。

最終的な展示制作の多くは、宮大工《みやだいく》や表具師《ひょうぐし》、金具師《かなぐし》、蝋型鋳造師《ろうがたちゅうぞうし》などの伝統工芸職人のほか、日本画を学ぶ美術大学生、そして華道家など現代の技能者が行い、室町時代の美を結集した本格的な再現展示となっている。

建築

発掘調査で検出した礎石《そせき》の位置のみに柱を立てる設計方針とし、『朝倉義景《あさくらよしかげ》亭御成記《ていおなりき》』や当時の大工技術書『匠明《しょうめい》』などの文献資料、洛中洛外図屛風《らくちゅうらくがいずびょうぶ》などの絵画資料、そして園城寺光浄院客殿《おんじょうじこうじょういんきゃくでん》（滋賀県大津市・国宝）などの同類型の現存遺構に基づいて復元を行った（図2）。

再現範囲は、永禄十一年に足利義昭《あしかがよしあき》を迎えるために新築されたと考えられる部分である。このため、エイジング表現は行っておらず新築の表現である。

建物の寸法は、発掘で確認された二つの寸法、そして『匠明』記載の木割（各部材の比例関係）を用いて決定した。二つの寸法とは六・二五尺（約一・九メートル）という越前間（近世の越前地方の畳の規格）に近似した柱間寸法と、礎《そ》石《せき》に残された柱の大きさである。六・二五尺の基準柱間は再現範囲内共通で、柱の太さは会所が六寸（約一八センチメートル）、その他が三・六から四・五寸で建物の性格によって太さを変えている。例外的に小座敷の木割《きわり》は、茶の湯座敷という瀟洒《しょうしゃ》な建物であることから、同じタイプの慈照寺東求堂《じしょうじとうぐどう》（京都市左京

図2 ●建築（泉殿から会所を見る）

図3－1◉障壁画（会所十二間東面）　上：北面　中：西面　下：東面

区・国宝）を参考にした。

材料は出土部材に基づき、柱などの主要部材は桧材《ひのき》、屋根材は杉材とした。屋根の葺《ふ》き方は、格式の高い会所は柿葺《こけらぶき》、その他は木賊葺《とくさぶき》というように建物の設定グレードによって変えた。建具は、光浄院客殿などの現存事例の傾向から杉材とした。会所の畳を高麗縁《こうらいべり》としているのは、永禄四年（一五六一）の『三好亭御成記《みよしていおなりき》』や朝倉義景《あさくらよしかげ》肖像画に基づくものである。小座敷の意匠《いしょう》は、格式の高い会所と差異をつける方針とし、畳の縁も無地にした。再現範囲内の縁床《えんどこ》の寸法は、現存する一六世紀前後の建物の傾向から、沓脱石《くつぬぎいし》の踏面《ふみづら》から一尺《しゃく》の高さとした。軒《のき》の出《で》は、検出された雨落溝《あまおちみぞ》に基づくもので『匠明』記載の寸法より浅くなっている。

建物の復元考証では、多くを『匠明』という中央の大工技術書を根拠にしているが、発掘成果に基づく浅い軒の出や越前間、そして広縁に一間毎に立ち並ぶ柱など、朝倉館の独自の構成も表現されている。

障壁画

朝倉氏のお抱え絵師であった曽我《そが》派の絵を障壁画《しょうへきが》として新たに設えるという方針のもと、会所十二間《じゅうにま》の障壁画の再現を行った（図3）。

『朝倉始末記』の記述から、朝倉館には「鶴《つる》ノ間」「猿猴《えんこう》ノ間」などの障壁画を配した部屋があったことが知られていた。また、大徳寺真珠庵本堂《だいとくじしんじゅあんほんどう》の室中《しっちゅう》襖絵《ふすまえ》「四季花鳥図《しきかちょうず》」（京都市北区・重要文化財）は曽我派の障壁画唯一の現存事例であり、鶴が描かれていることも確認できた。制作方このことから真珠庵の多大な協力を得て「四季花鳥図」の複製をすることとなった。

図3-2●障壁画西面の部分拡大

法は、人材育成の観点からデジタル複製ではなく肉筆《にくひつ》での復元模写となったことから、実績のある嵯峨美術大学に制作を依頼し、有識者の指導のもと、日本画を学ぶ学生達が模写作業を担った。

なお、間取りが異なることから、一六面の障壁画を余白などで調整をして一四面に再構成しているが、四季と花鳥の並びは原図と同じにした。障壁画に用いたのは越前和紙で、越前市今立《いまだて》で漉《す》かれた鳥《とり》の子《こ》紙である。

掛軸

会所《かいしょ》十二間の押板《おしいた》にポイントを絞って座敷飾りを再現するという方針のもと、掛け軸三幅の座敷飾再現を行った（図4）。

画題は『朝倉義景亭御成記』記載の朝倉館の座敷飾り「押板　御絵三幅　本尊円相観音　馬遠筆、脇雁　猿猴　牧谿筆」に準じて、室町時代の伝世品から『白衣観音図《びゃくえかんのんず》　正悟筆』（京都国立博物館所蔵・重要文化財）、『芦雁図《ろがんず》　牧谿筆』（京都国立博物館寄託品）、『猿猴図《えんこうず》　牧谿筆』（福岡市美術館所蔵）を有識者の指導により選定し、高精細デジタル技術を用いて複製を行った。

来歴の異なる掛軸を三幅に設定するにあたり、絹本《けんぽん》で統一できること、似たサイズ感であることを考慮した。なお、室町時代当時も南宋《なんそう》時代の骨董品《こっとうひん》として珍重《ちんちょう》されたことから、原寸再現中では唯一、

図4●掛軸（会所十二間押板）

新品としての表現を行っていない。三幅の経年具合はデジタル処理で統一した。

錺金具

焼け残った一乗谷の出土品を根拠に、木瓜形《もっこうがた》の引手や六葉形《ろくようがた》の釘隠《くぎかくし》などの錺金具《かざりかなぐ》の再現を行った（図5）。

出土していない部分の形状は、現存建物に遺る錺金具から推定した。色は、出土品に黒色塗膜《とまく》が残っていた事に加え、室町時代の水墨画を基調とした室内空間を踏まえて黒色とした。着色技法については、他遺跡の出土例や大徳寺聚光院《じゅこういん》本堂（京都市北区・国宝）引手の観察と化学分析を根拠に検討し、最終的に硫化銅《りゅうかどう》の皮膜《ひまく》をつくる化学反応で色付け（煮黒目）したうえで、さらに漆を焼き付けた。なお、材料も黒味銅と呼ばれる伝統的な合金を用いた。

三具足

掛軸と同様の方針のもと、香炉《こうろ》・花瓶《けびょう》・燭台《しょくだい》からなる三具足の座敷飾の再現を行った（図6）。『朝倉義景亭御成記』記載の朝倉館の押板飾り「三具足コトウ　卓」に準じて、鋳銅製で、箱書きより天正年間以前の作と考えられる「聖衆来迎寺《しょうじゅらいこうじ》所蔵鋳銅三具足」（奈良国立博物館寄託品・重要文化財）を復元対象にした。奈良国立博物館協力のもと、蛍光エックス線による材質調査やCTスキャンによる構造調査によって制作技法を検討し、さらに3Dプリンタによる複製見本を工房に持ち込み、蝋型鋳造により精巧に再現した。

合金は原品の成分分析値を参考に銅八八、鉛六、錫六パーセントとした。着色技法につい

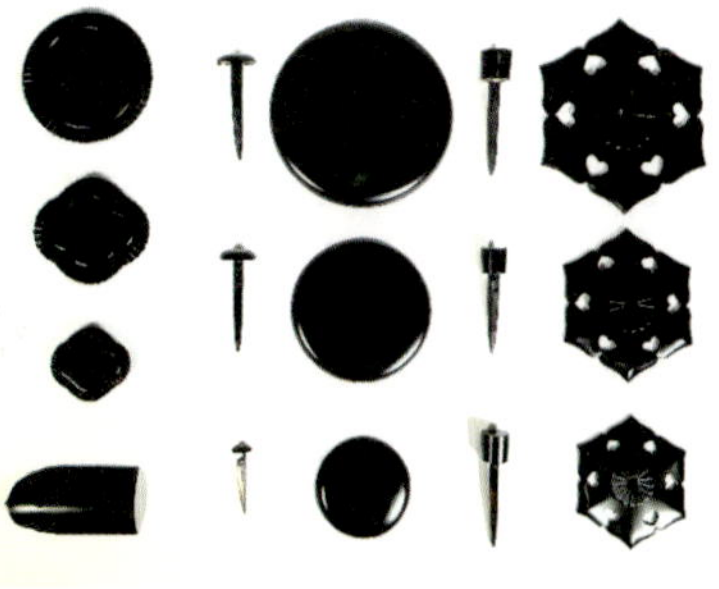
図5●錺金具

図6●三具足

ては、漆は紫外線で変色するという理由から、原品の表面観察から類推した七種類の黒漆について、それぞれ三パターンの耐光試験を行い、合計二一種類の試験片を用意して原品と比較した。その結果、最も原品と近似する「焼付用朱合＋松煙《しょうえん》＋弁柄＋オハグロ掃き」を香炉《こうろ》に施すこととした。なお、花瓶と燭台についてはハンダ接合が溶けてしまうため、高温処理となるオハグロ掃きを施していない。最終的に二つの着色技法を施すこととなったが、現状では差異は目立たないものの、比較可能な資料として、今後の漆の金属着色の研究に資するものになると思われる。

庭園

遺跡現地の3Dデータと発掘調査時の遺構情報に基づき、FRP（繊維強化プラスチック）積層《せきそう》着色により石を造形し、池庭《いけにわ》・花壇《かだん》・枯山水《かれさんすい》様の平庭《ひらにわ》の景石《けいせき》等を再現（池庭は遺構の一部を再現）した（図7）。

庭石の当時の表面情報は不明であるものの、作庭当初から苔《こけ》などがついた自然石を用いることから、遺跡現地の風合いを基本として表面を仕上げた。なお、そのほかの溝石などの石造形も同様の扱いとした。水表現には透明樹脂を用い、池庭および溝の深さは、博物館建築構造との取り合いの制限の中で設定した。発掘調査時の情報に基づき白砂利《しろじゃり》の敷設範囲と径を決定し、一乗谷の庭園遺構には花崗《かこう》岩の白砂が用いられることから、資材は白川砂とした。

図7 ●庭園（池庭）

花壇には、越前和紙を用いて室町時代に好まれた四季の草花などを再現した。当時の植栽《しょくさい》配置は不詳であるため、古代の前栽の植栽配置を踏襲する方針とした。花の種類は、節句の行事や越前国との関わりを解説できるよう、春は撫子《なでしこ》と百合《ゆり》、夏は桔梗《ききょう》と花菖蒲《はなしょうぶ》、秋は二種類の菊、冬は菫《すみれ》と水仙《すいせん》とした。

立て花

朝倉氏家臣が池坊《いけのぼう》の立て花を学んでいたことから、再現にあたっては華道家元池坊に製作の監修ならびに造花の生け込みを依頼した（図8）。

往時の朝倉館の立て花の情報は不明であるため、季節は足利義《あしかがよし》昭《あき》を迎えた旧暦五月に設定した。旧暦五月にちなんで花菖蒲を賞翫《しょうがん》の花とし、真木《しんぼく》は将軍御成にふさわしい松としたほか、「古今遠近」や「右長左短」といった当時の形式に基づき、立て花の形を決定した。

生け込み前の枝や花の造木・造花は、花壇と同様に日本和紙クラフト協会に製作を依頼した。池坊中央研修学院の華道家が生花で生けた立て花を造花見本とした。

朝倉館原寸再現展示室内の三具足の花瓶への立て花の生け込みでは、葉や枝の細部の角度に至るまで調整が行われた。最後に立て花の大きさにふさわしい蝋燭《ろうそく》を燭台《しょくだい》に立て、朝倉館原寸再現展示が完成した。

図8●立て花

三

博物館の地下を掘る——遺構展示室ができるまで

田中祐二

謎の遺構

はじめは「近現代の畦道《あぜみち》だろう」と考えた。今思い返せば多分に希望的観測があったことは否めない。なぜなら、姿を現した謎の遺構の正体によっては、この場所で計画されている博物館の行く末を大きく左右するからである。

はたして、恐れていたことは現実となったのであるが、その話をする前に、ここに至るきっかけとなったもう一つの発見について述べておきたい。

はじまりは会議室

その第一報が飛び込んできたのは、平成二十八年（二〇一六）三月二十九日、第五六回福井県朝倉氏遺跡研究協議会の午後の部が始まってまもなくであった。

一乗谷《いちじょうだに》朝倉《あさくら》氏《し》遺跡《いせき》に関する諮問会議と位置付けられる同協議会では、その日、「一乗谷朝倉氏遺跡博物館（仮称）整備基本計画」の報告と質疑が行われていた。

日を同じくして、協議会場である一乗谷朝倉氏遺跡資料館（現博物館分館）に隣接する博物館整備予定地の試掘《しくつ》調査《ちょうさ》を実施しており、協議会でも午前中にその状況を視察したばかりで

図1●試掘調査で出土した石垣

あった。そのときすでに計画した半分以上の箇所の試掘が終わっていたが、めぼしい遺構や遺物は確認されておらず、基本計画どおりここに博物館の施設を建設したとしても、遺跡への影響はきわめて小さいだろうと、安心していた矢先である。試掘担当の職員が静かに協議会場に入ってきて私の耳元でささやいた。「出ました」。

予定の議事を終え、会議室から現場へ飛び出した全員が目にしたのは、大ぶりの石材が垂直に積まれた立派な石垣《いしがき》であった（図1）。

川湊「阿波賀」

ここで博物館整備予定地が歴史的にどのような場所であるのかを説明しておく必要がある。

現在、博物館の所在地は「安波賀中島町《あばかなかじまちょう》」で、南側には「安波賀町」が隣接する。下城戸《しもきど》の外にあり、足羽川《あすわがわ》に沿って広がるこの一帯は、戦国時代には「阿波賀《あばか》」と記され、多くの文献記録や伝承が知られている。

中でも、奈良興福寺《こうふくじ》の僧侶が記した日記に見える「越前一乗の入江、唐人《とうじん》の在所」（大乗院寺社雑事記《だいじょういんじしゃぞうじき》）という表現は、この地区の性格を説明するため、しばしば引用される。舟溜《ふなだ》まりとなるような入江と、唐物《からもの》の売買も行われた商業地の存在、つまり、阿波賀

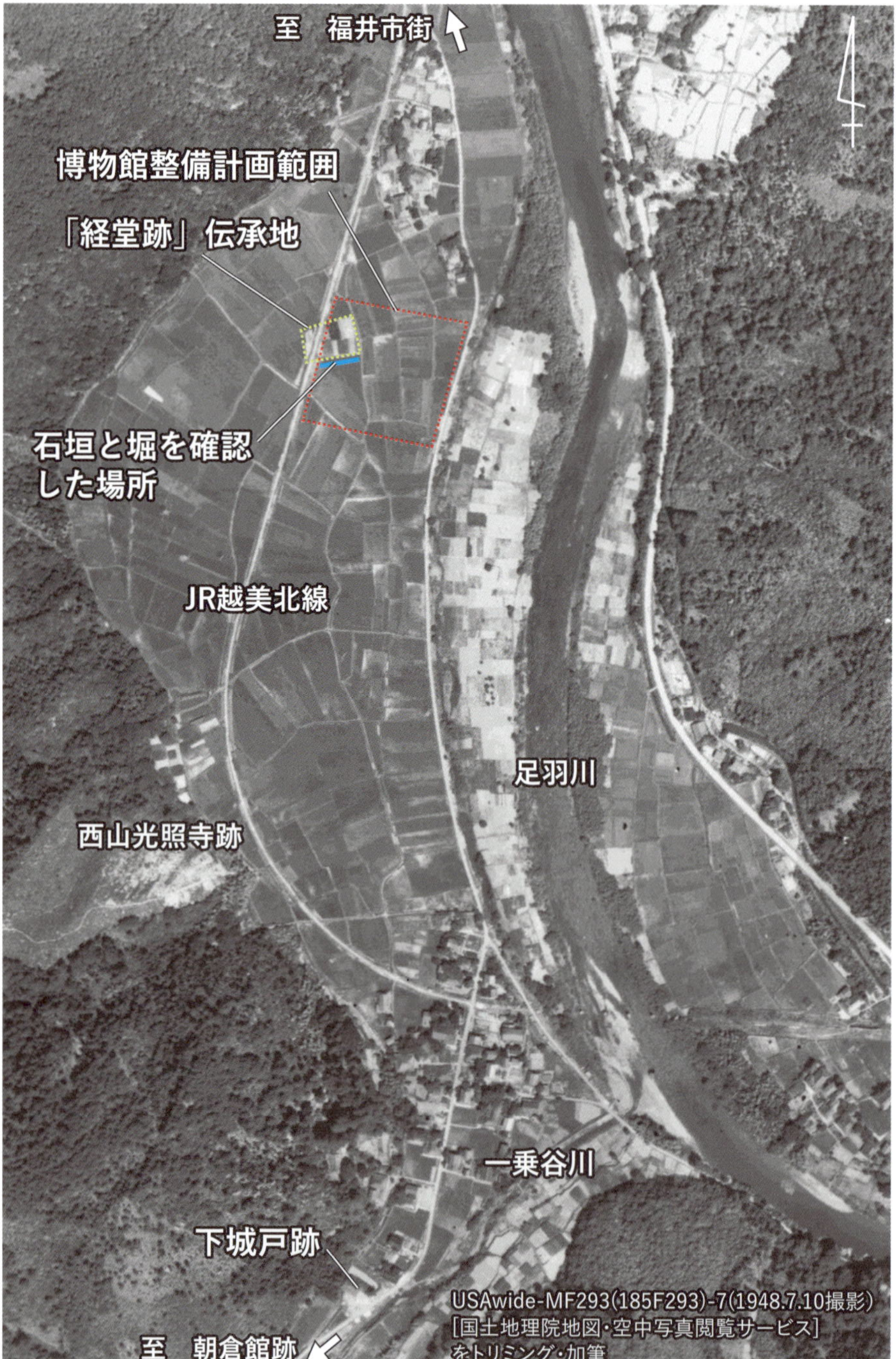

図2－1●阿波賀の旧地形と博物館整備地

は足羽川の水運によって栄えた川湊《かわみなと》と考えられてきたのである。

さらに別の史料（真珠庵《しんじゅあん》文書）からは、阿波賀で年貢米の取引が行われたこと、それに携わる商人・商店や、米を一時的に収納する倉、取引レートを決める市場があったことなど、より具体的な行為や景観を読み取ることができる（小野一九九七）。

阿波賀の経堂

このように阿波賀は繁華な町として描かれる一方、「無縁《むえん》・公界《くがい》の地」（俗世間や公権力から離れた平和的空間）ともいわれる。これは阿波賀にあった含蔵寺《がんぞうじ》が「公界所《くがいのところ》」と呼ばれたことや、朝倉三代当主の貞景《さだかげ》が、一向一揆《いっこういっき》で討ち死にした人々の魂を敵味方問わず弔うため、経堂《きょうどう》を建てたとの記録などによる（水藤一九八三）。

実は、この経堂跡と伝承されるのが、先の石垣が見つかった、まさにその場所である（青山一九七二）。土地区画整理前の地図や航空写真を見ると、三〇メートル×五〇メートルほどの長方形を呈する畑地が確認できる。検出した石垣は、この畑地南側の長辺に沿う位置にあたり、経堂の敷地を区画する施設と推測されたのである（図２－１）。

そして本発掘調査へ

同年十二月には、より詳細なデータを収集するため、規模を拡大して二回目の試掘調査を実施した。その最終的な所見は次のとおりである（位置関係は図15参照）。

博物館整備予定地の西半分には、石垣《いしがき》と幅四メートルほどの堀《ほり》を伴う遺構《いこう》が存在する。こ

図２－２●航空写真でみる阿波賀の位置

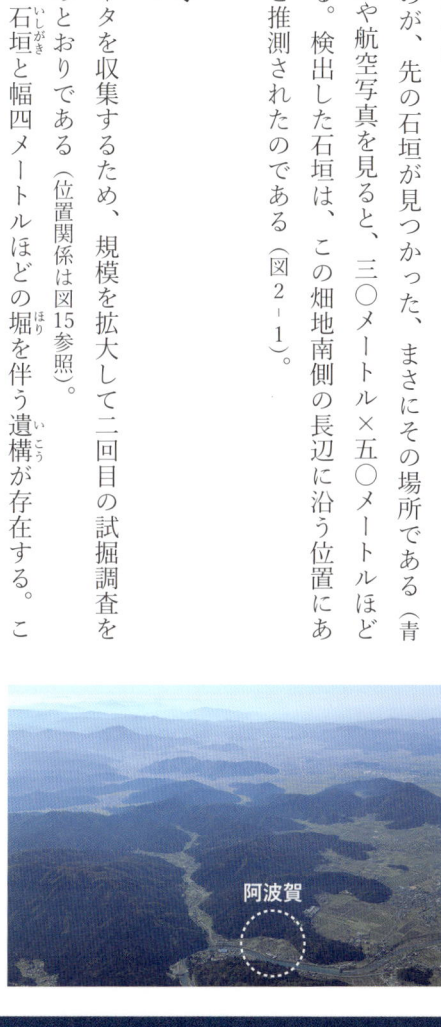

れらの遺構は、堀から出土した土器《どき》や陶磁器《とうじき》から戦国時代の所産と考えられ、文献史料《ぶんけんしりょう》や伝承から、朝倉貞景《さだかげ》が建てた経堂の可能性がある。なお、堀からは「一念弥陀佛即滅無《いちねんみだぶつそくめつむ》」（傍線部は推定）と墨書《ぼくしょ》された木札《きふだ》（図3）も出土したことから、少なくとも宗教関連施設である蓋然《がいぜん》性は高い。

東半には、南北方向に流路をとる幅三〇メートルほどの旧河道《かどう》が存在する。また、旧河道の埋没後、その東岸に沿うように掘られた幅一・五メートル前後の溝と、北端近くに多量の灯明皿《とうみょうざら》（かわらけ）の捨て場が存在する。旧河道は戦国時代以前、溝は戦国〜江戸時代、捨て場は江戸時代の所産である。

以上の結果を受け、博物館整備の事業主体である県は次の方針を打ち出した。

①遺構として明らかな石垣と堀の残る予定地の西半には駐車場を整備する。遺構は地下に現状保存し、盛土して保護する。

②地下深くに基礎工事が及ぶことになる展示・ガイダンス棟の建物は、面積の大部分を旧河道が占め、戦国時代の顕著な遺構が認められない予定地の東半とする。

③建物を建設する予定地の東半は、事前に全体の発掘調査を実施し、その結果によって基礎工事の位置や工法を調整する。

なお、建築基本設計も発掘調査《はっくつちょうさ》と同時並行で実施することとなった。

こうして、二〇一七年三月から年内いっぱいの計画で博物館整備予定地東半分の全面発掘を開始したのである。

図3◉堀から出土した木札（赤外線写真）

謎の遺構ふたたび

その片鱗《へんりん》が姿を現したのは、三月末に二日間かけて行った表土剝《ひょうどは》ぎのときである（図4）。ショベルカーで少しずつ水田の耕作土を除去する作業に立ち会っていたところ、厚さ約三〇センチメートルの耕作土《こうさくど》の下から、大きなもので人頭大ほどもある大量の石がガラガラと出てきた（この時点の認識に従って、いったん「集石」と呼ぶ。）。

集石は細長く帯状に延び、脇には木製の電柱基礎が残っていた。そのため、一九七〇年前後の土地区画整理前に存在した近現代の畦道の痕跡《こんせき》ではないかと考えた。試掘調査では確認されておらず想定外ではあったが、近現代の畦道であれば、発掘調査の過程で除去することになるので、博物館の計画には影響しないだろうという甘い期待があったことは、冒頭で述べたとおりである。

謎の遺構の正体

年度が変わって五月、いよいよ作業員を投入しての実質的な発掘調査が始まった。

まずはショベルカーで表土剝ぎした地面を鍬《くわ》や鎌で削って新鮮な土の面を出す作業である。この作業によって、土の色や質の違いなどから遺構を探していくわけだが、着手したとたん予想以上にたくさんの遺構が存在することを確認した。出土した土器や陶

図4 ● 表土剝ぎの様子

磁器から、多くは江戸時代の所産と判断できた。

順次調査を進め、いよいよ問題の集石《しゅうせき》範囲に着手したのは六月中旬である。もとの位置を保っていないことが明らかな石を取り除き、周りの土を少し掘ってみたところ、集石が数十センチメートル以上地下に埋もれており、しかも深くなるほど幅が広がっていくことがわかった。当初予想していた近現代の畦道にしては異様である。

そこで、地下の状況を確実に把握するため、思い切って幅一メートルほどの溝を集石の両側で底が見えるまで深く掘ってみることにした（図5）。すると、集石は七〇センチメートルほどの厚みがあり、幅は表面で見えていたよりも三倍程度広く、五メートル以上もあることがわかった。そして何より、旧河道が埋まる途中で構築されたことが明らかとなり、その時期が戦国時代にさかのぼると推測されたのである。

戦国時代の遺構となると、にわかにその性格が問題になってくる。つづけて全体を検出したところ、幅五・六メートル、長さ三八メートルにわたって川原石が敷き詰められた大規模施設であることが判明した（図6）。ここに至って、呼称を「石敷遺構《いしじきいこう》」（遺構番号SX七〇三八）と決め、以後、詳細な調査を進めた。

石敷遺構をめぐる二つの仮説

調査の結果、明らかになった石敷遺構の特徴は次のとおりである。

①旧河道を横断して構築されている。

図5●確認の溝を掘る様子

図6●石敷遺構の全景

②まっすぐに延びる。
③片側（南側）に一段低い犬走り状の平坦部があり、その縁には垂直に石が積まれている。
④中央と両端付近に横断方向の溝をもつ。

これらは、発掘調査でわかった客観的な事実であるが、肝心かなめの「どのように使われたのか」という疑問に直接答えてはくれない。さまざまな状況証拠を積み上げて、より説得力のある仮説を立てるしかない。考古学の宿命である。

では、石敷遺構の使われ方については、どのような仮説が立てられるだろうか。発掘当時からあった二つの仮説を紹介しよう。

一つは「船着場」説である。前述したように従来、阿波賀は川湊と考えられており、その考古学的な実証が積年の課題であった。その点、①の特徴は、石敷遺構が旧河道を利用するために構築された可能性を示唆しており、旧河道に足羽川から水を引き込んで川舟を入れていたとすれば、文献史料に記された「一乗の入江」のイメージにピタリと当てはまる。この場合、特徴③の一段低い平坦部は、荷の積み下ろしの際の足場として、特徴④の溝は水量調節のために設けられたと理解できる（図7）。ただし、この仮説には、舟をつなぎ止める杭などの設備が見つかっていないことや、積み荷をうかがわせる遺物が出土していないといった弱点がある。

もう一つの仮説は「道路」説である。この説は、一乗谷朝倉氏遺跡で発掘される道路の多くが、砂利で舗装されていることからの類推による。一

図7●「船着場」説のイメージ

般的な道路跡に比べると、石敷遺構に用いられている石は非常に大きく、表面もガタガタだが、地盤の軟弱な旧河道を渡していることや、後世に耕作などで荒らされている可能性を考慮すると、さもありなんとも思える。

実際、石敷遺構の延長上で旧河道を渡り切った東側には、小粒の砂利がびっしり敷かれた遺構があり、道路跡とみて問題ない。一連の道路であるが、地盤の違いによってつくり方を変えたとも想定できる（図8）。

さて、仮に石敷遺構が道路だとして、何の目的でつくられたのだろうか。その手がかりとなる遺構が敷地西側の駐車場予定地で見つかっている。例の「経堂」である。

そもそも石敷遺構を道路と考

図8●「道路」説のイメージ

図9●「参道」のイメージ

えた理由は、この経堂との位置関係にあった。

具体的には、第一に試掘調査で検出した石垣のラインと、石敷遺構の軸線が平行すること。第二に土地区画整理前の地図や航空写真から推定復元した経堂の敷地の中央に向かって延びていることである。石敷遺構自体は敷地東側の調査区内で途切れており、そこから経堂の推定範囲までは三五メートルほど離れているものの、意識的に配置されていることは間違いないだろう（図15参照）。山麓に近い敷地西側は地形的にもともと高かったと考えられ、石敷遺構がここまで延びていたとしても、土地区画整理の工事によって削られてしまった可能性がある。

以上の想定が正しければ、石敷遺構は経堂への「参道」とみなすことができるだろう。特徴の②とした、まっすぐに延びる点も参道のイメージにあう（図9）。一方、特徴③の一段低い平坦部や石積の理由を説明できないことが難点である。

遺構展示室の整備へ

このように石敷遺構の性格をめぐっては、発見当初からさまざまな議論があったものの、少なくとも戦国時代の重要遺構であることは衆目の一致するところであった。となると、次に問題になるのは、博物館整備におけるその取扱いである。

前述したように、同時並行で建築基本設計が進められており、発掘調査の結果に応じて基礎の配置などを調整することで遺跡を極力保存する方針としていた。しかし、ここまで大規模な遺構が存在するとなると、話はそれで済まない。埋め戻して地下に保存し、博物館施設は地下に影響を及ぼさない簡易な設計に見直すという大胆な案も提出された。

図10●遺構展示室

さまざまな議論の末、石敷遺構は現状保存とし、さらに博物館内で公開するという思い切った方針が打ち出された。ここに晴れて「遺構展示室」（図10）の設置が決定したのである。

石敷遺構全体を展示するためには一千平方メートル近い面積の空間が必要となる。建物全体の床面積や整備費の大枠は変更できないため、展示室・バックヤードとも当初の設計に大幅な見直しをかけ、必要な面積を捻出した。また、室内を無柱とするため、構造計算もやり直しになった。短期間で無理難題に応えてくれた設計事務所には頭が下がる思いである。

ともあれ、九月二十四日に実施した現地説明会で、石敷遺構の意義と共に、決定したばかりの保存と公開の方針を伝えることができたのは幸運であった。事前に大きく報道されたためか、県内外から二五〇名もの参加者があり、関心の高さがうかがわれた（図11）。

博物館開館までの道のり

現地説明会終了後も石敷遺構の調査は続いた。十月には、遺構中央部を横断する溝から緡銭《さしぜに》（藁紐《わらひも》をとおして束ねた銅銭）が出土し、商業の町としての阿波賀を印象づける発見となった（図12）。そのほか、旧河道に沿って掘られた溝から、捨てられた生活用具や生ゴミが多数出土し（図13）、すぐ近くで人々が日常生活を営んでいたことが判明した。

さて、年内に終える予定であった発掘調査は、石敷遺構の発見という不測の事態

図11●現地説明会の様子

図12●緡銭の出土状況

により、翌年にずれ込むことになった。運が悪いことに、十二月上旬から天候不順が続き、記録的な豪雪にも見舞われた（図14）。

それでも何とか年度内に発掘調査を終え（図15）、遺構を養生《ようじょう》して埋め戻しを行い、およそ二年後に予定されている建築工事に備えた。

建物竣工を半年後に控えた令和三年（二〇二一）八月、石敷遺構の再発掘に着手した。屋内での発掘という、一乗谷では初、全国でもほとんど例のない作業であったことから、綿密な計画を練って臨んだ（図16）。工事関係者の全面的な協力もあって作業は順調に進み、想定より早く二カ月足らずで石敷遺構全体が姿を現した。十分な保護措置をとったつもりであったものの、地上で大型の建設機械が動いている様子を見るにつけ、遺構が壊れてしまうのではないかとヒヤヒヤしていたので、三年前と変わらない姿を目にしたとき、ほっと胸をなでおろしたのを覚えている。

こうした経緯を経て翌年一月、遺構展示室を含む博物館本館が竣工、同年十月に晴れて開館の運びとなった（図17）。

しかし、喜んでばかりではいられない。これは新たな挑戦のはじまりである。

後世に伝える

発掘された遺構そのものを展示することについて、一乗谷朝倉氏遺跡では五〇年以上の歴史がある。しかし、それはすべて野外の事例であり、屋内ではこの遺構展示室が初めての試みとなる。風雨や直射日光にさらされない屋内は一見、遺構にとって良い環境に思えるが、雨水の遮断によって乾燥や塩類の結晶化が引き起こされ、

図14●雪に埋もれた石敷遺構

図13●下駄と漆器椀の出土状況

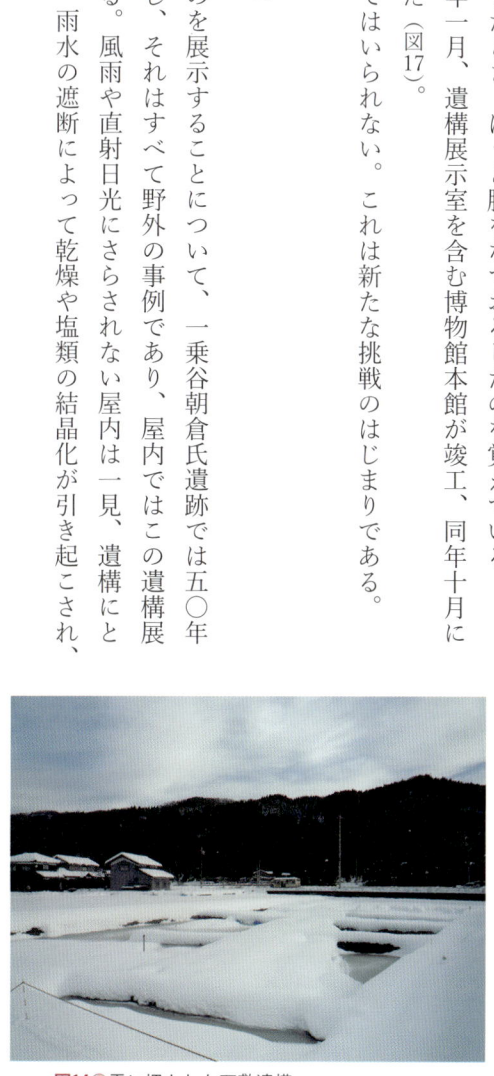

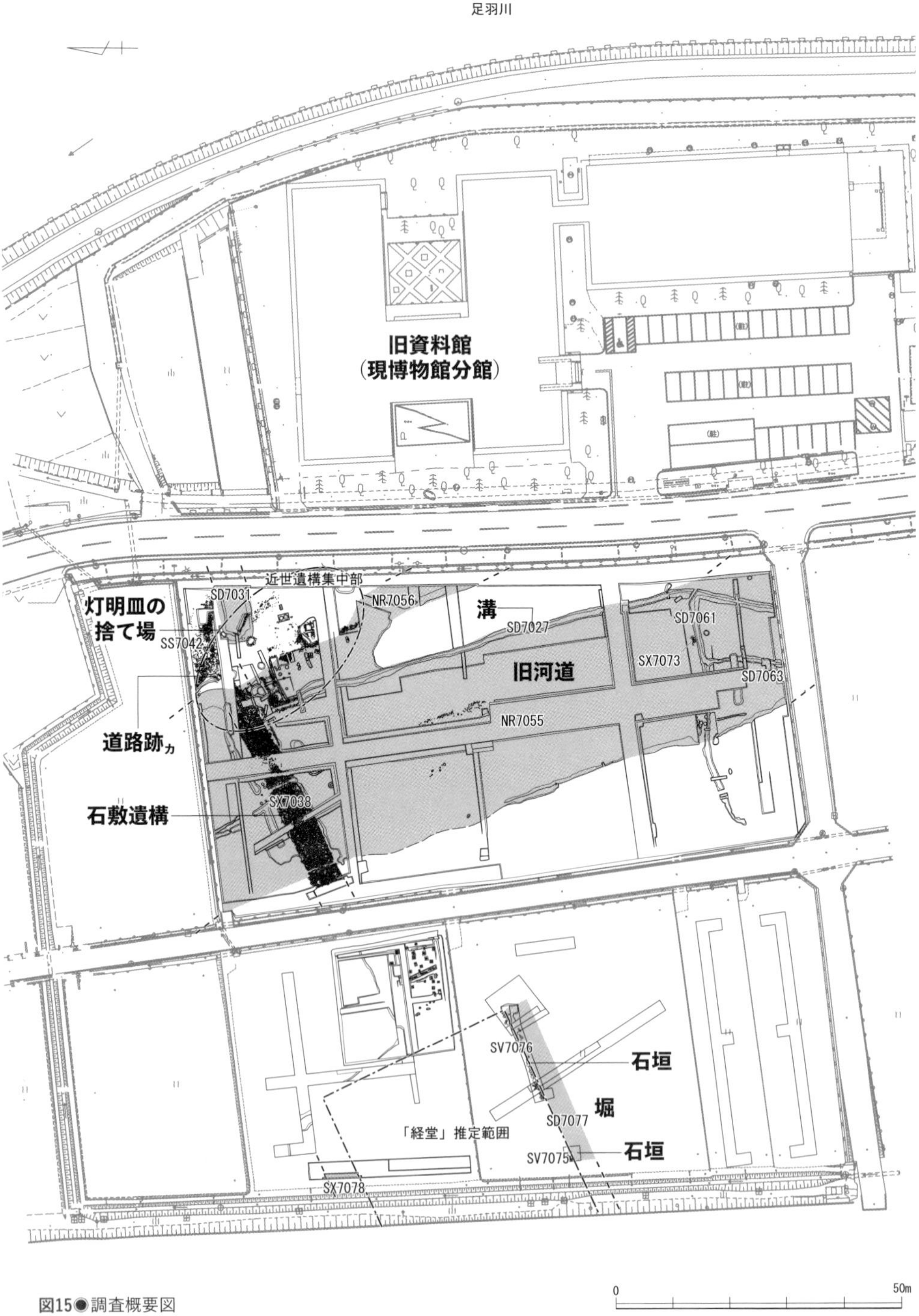
足羽川
旧資料館
（現博物館分館）
近世遺構集中部
SD7031
NR7056
溝
SD7027
SD7061
灯明皿の
捨て場
SS7042
旧河道
SX7073
SD7063
道路跡カ
NR7055
石敷遺構
SX7038
SV7076
石垣
堀
SD7077
「経堂」推定範囲
SV7075
石垣
SX7078
0
50m

図15◉調査概要図

図16●屋内での再発掘

図17●石敷遺構の展示状況

遺構の保存に悪影響を及ぼすことが知られている。また、温湿度や照明の具合によって発生するカビやコケなども遺構の汚損という問題を引き起こす。これらの問題への対処は、各地の類似施設で先行研究があるものの、立地条件や建物構造および設備の違いなどにより、絶対的な方法はないのが現状である。

本遺構展示室については、設置の方針が決まった直後から、国内外で遺跡保存の指導的役割を果たしている奈良文化財研究所の指導を仰いできた。さらに、遺跡保存を専門とする学芸員が採用されたことで、同研究所との連携協定が実現し、共同研究の対象に遺構展示室も加えられることになった。このように充実した体制のもと、環境データの測定と保存手法の検討が継続的に進められている。

建物の内部に取り込んだことでついつい忘れがちになるが、石敷遺構はあくまで一乗谷朝倉氏遺跡と地続きの構成要素であり、単なる博物館展示ではない。博物館施設の存続に関わらず五〇年、一〇〇年と永くこの場所で後世に伝えられなくてはならない。

【参考文献】

青山作太郎『一乗谷朝倉史跡・伝説』（朝倉氏遺跡保存協会、一九七二年）
小野正敏『戦国城下町の考古学　一乗谷からのメッセージ』（講談社、一九九七年）
水藤真「もうこの瀬」（『月刊百科』二四四、一九八三年　※『絵画・木札・石造物に中世を読む』（吉川弘文館、一九九四年）に再録）
田中祐二編『一乗谷朝倉氏遺跡発掘調査報告　第一五〇次調査　福井県立一乗谷朝倉氏遺跡博物館建設に伴う発掘調査』（福井県立一乗谷朝倉氏遺跡博物館、二〇二三年）

第2部

一乗谷と朝倉氏を学ぶ

三

一乗谷全体がお城!?

中井 均

朝倉氏の築城時技術を探る

国特別史跡《くにとくべつしせき》に指定されている一乗谷朝倉氏遺跡《いちじょうだにあさくらしいせき》といえば、一乗谷川《いちじょうだにがわ》が流れる谷筋に構えられた戦国時代の城下町遺跡として有名である。

ところで、城下町といえば、城の周囲に構えられた町のことだが、一乗谷ではどこがお城なのだろうか。一乗谷の中心には堀に囲まれた館跡がある。朝倉氏五代の義景《よしかげ》が住んだ屋敷であることから義景館（朝倉館）と呼ばれている。この義景館が一乗谷の中心で、城下町は義景館を中心に構えられたと考えられている。

義景館が、一乗谷の中心であることはまちがいないのだが、この館が城ではない。実はこの館の背後に一乗谷城という山城が構えられていた。現在、一乗谷朝倉氏遺跡には多くの人たちが見学に訪れるが、山城跡を訪れる人はほとんどいない。実際に訪れてみると、戦国時代の山城の遺構として曲輪《くるわ》・堀切《ほりきり》・土塁《どるい》・切岸《きりぎし》などが見事に残されている。そこには朝倉氏の築城技術の特徴をみることができる。ここではそうした山城の特徴をみてみたいと思う。

一方、城下町はどこまで広がっていたのだろうか。城下の出入り口には上城戸《かみきど》・下城戸《しもきど》と呼ばれる土塁や石垣《いしがき》、堀によって谷がふさがれていた。この城戸によって城下町が守られていたのである。つまり、一乗谷は山城と城戸によって谷全体が守られたお城だったのである。

図1●一乗谷の風景　一乗谷城からみた景色で多くの人がいまも訪れている　撮影：片岡杏子

それではまず、山城に登ってみることにしよう。

一乗谷城をあるく

一乗谷城は、義景館跡の東背後にそびえる標高四七三・五八メートルの一乗城山の山頂に構えられた山城である。

その築城年代は詳らかではないが、一五世紀前半の朝倉氏三代家《いえ》景《かげ》の頃より史料上には登場するようになる。

戦国時代の山城は、戦争のときに立て籠もって戦う軍事的な防御施設であった。このため、普段は山麓《さんろく》に構えられた居館《きょかん》で生活をしていた。このような構造を戦国城館の二元構造《にげんこうぞう》と呼んでいる。平地に構えた居館では戦えないために、背後の山に山城を構えたわけである。

山麓の居館周囲には、城下町が構えられるわけだが、この城下町

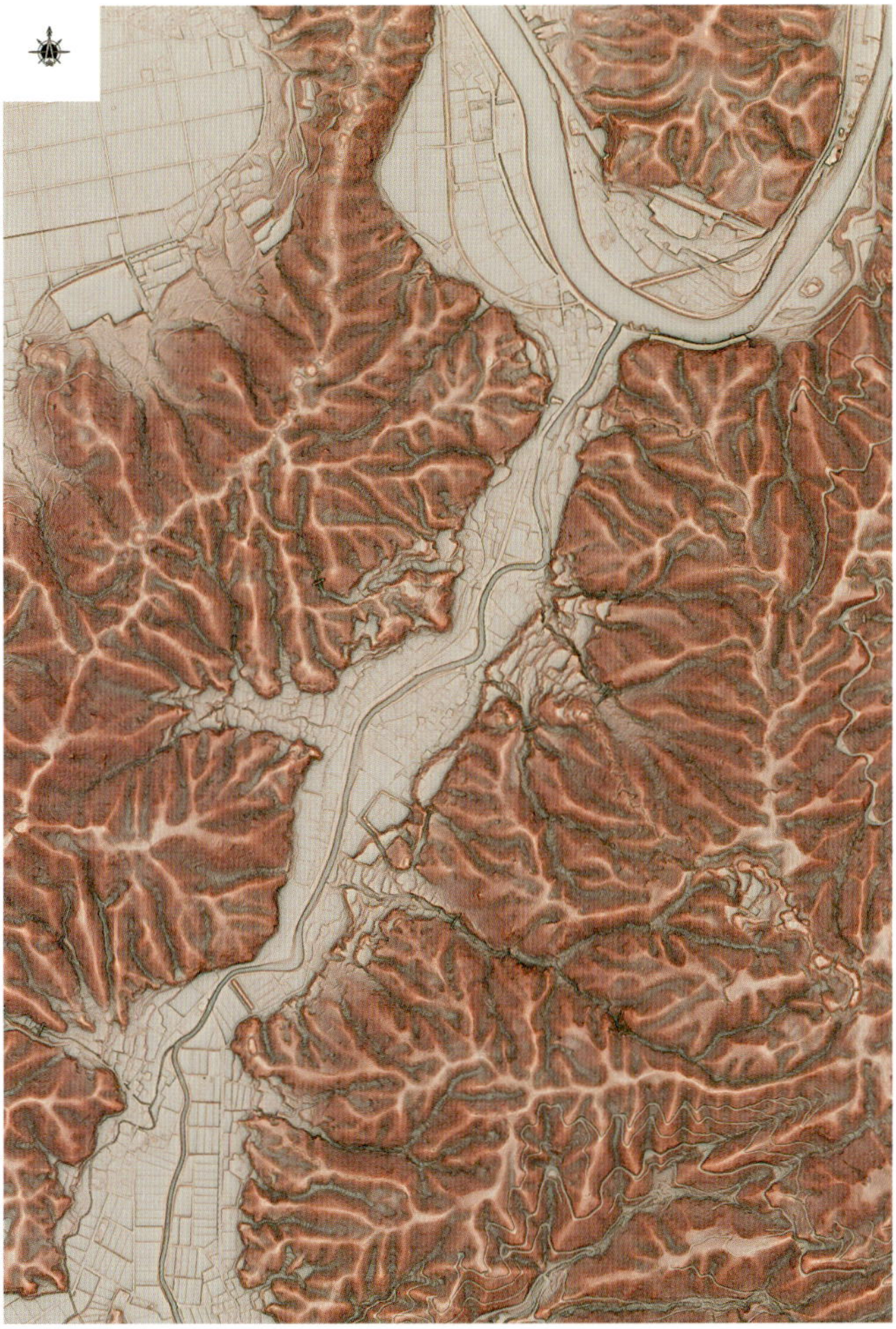

図2●一乗谷朝倉氏遺跡赤色立体地図

も、外からの攻撃から守りやすいところに構える必要がある。平野では四方から攻められてしまう。そこで、谷筋に構えることによって、周囲は山城で守られることになる。一乗谷は朝倉氏初代孝景《たかかげ》が越前の国主へと躍進するために求めた理想の場所であったといえる。

戦国時代にはこうした谷筋に城下を構え、その背後に山城を構えた事例として出雲《いずも》の戦《せん》国大名尼子《ごくだいみょうあまご》氏の富田《とだ》城（島根県安来市）や、関東の北条《ほうじょう》氏の八王子《はちおうじ》城（東京都八王子市）などがある。

一乗谷城は、戦国時代の山城のなかでは非常に高い山に築かれている。それは、守護《しゅご》や戦国大名の山城に共通する特徴である。たとえば、近江《おうみ》の守護六角《ろっかく》氏の観音寺《かんのんじ》城（滋賀県近江八幡市）が標高四三三メートル、北近江の守護京極《きょうごく》氏の上平寺《じょうへいじ》城（同米原市）が標高六六九メートル、近江の戦国大名浅井《あざい》氏の小谷《おだに》城（同長浜市）が標高四九五メートル、美濃の守護土岐《とき》氏の大桑《おおが》城（岐阜県山県市）が標高四〇八メートルとなっている。

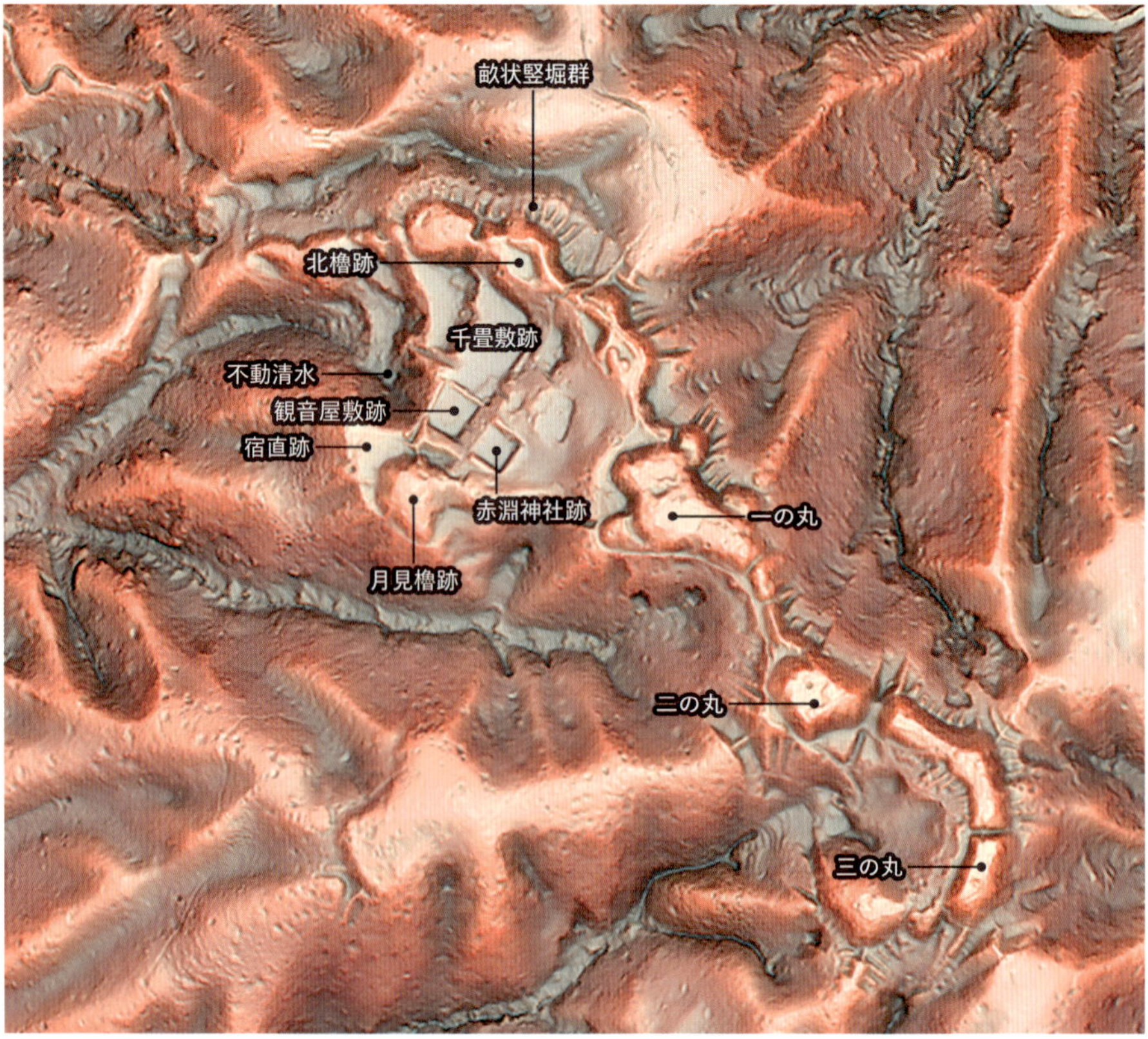

図3●一乗谷城跡の赤色立体地図

これは、居城より自分の支配領域を見下ろすことができ、領民より見上げられる山の頂上に城を築く場所を選んだ結果といえる。一乗谷城跡からは、遠く日本海まで眺望することができる。

一乗谷城跡では、最近赤色立体地図《せきしょくりったいちず》と呼ばれる微地形測量図《びちけいそくりょうず》が作成された（図2・3）。これは、地表面に直接レーザーを照射して地形を測量するもので、地表面のきわめて微細な起伏まで観察することが可能となった。一乗谷城跡も、この赤色立体地図の作成により詳細な構造を把握することができた。

現在、一乗谷城跡へ登る道は安波賀《あばか》、馬出《うまだし》、英林塚《えいりんづか》、三万谷《さんまんだに》の四ヵ所があり、いずれも城跡までは一時間ほどかかる。そのなかで、大手《おおて》は馬出からの登城道《とじょうみち》だとみられる。ここには、登城道を監視するように小見放城《こみはなち》（図4）が構えられており、登城口を防御していた。尾根先端に選地し、尾根続きには堀切を設けて四段からなる曲輪を構えて、独立させた小規模ながら完結した山城が構えられている。

この小見放城跡と、谷を隔てた西側尾根《おね》の先端にも小《こ》城と呼ばれる独立した山城が築かれていた。このように一乗谷城は、けっして一乗谷城だけではなく、この小見放城、小城も重要な山城の一部であった。

また、一乗谷を守るために谷の西側にそびえる山稜《さんりょう》にも城が構えられていた。赤色立体地図から尾根筋に築かれた御茸山古墳群《みたけやまこふんぐん》の墳丘《ふんきゅう》を利用して、堀切を構えていたことがわかる。さらに、義景館跡から一乗谷川を隔てた西側の山裾《やますそ》には月見櫓《つきみやぐら》と呼ばれる城郭が築かれている。越前側ではあるものの、この西側の山を取られると谷筋を押さえられてしまうので、念には念を入れて防御施設を構えたものと思われる。

一乗谷城の主体部は、山頂の大きくＹ字状を呈する尾根筋に構えられている。興味深いの

図4●小見放城跡

は主体部北端で尾根筋がＹ状となった間の谷筋にも曲輪を構えている構造である。山城では谷筋に曲輪を構えると両側を取られた場合、頭上からの攻撃を受けることとなるため、基本的に曲輪を構えない。この谷筋に階段状に曲輪を構える構造が一乗谷城の縄張りの特徴といえそうである（図5）。

谷筋に構えられた曲輪は、千《せん》畳敷《じょうじき》、観音屋敷《かんのんやしき》跡、赤淵神社《あかぶちじんじゃ》跡、宿直《とのい》跡と名付けられている。これらは、山上に構えられているにもかかわらず、方形区画《ほうけいくかく》を意識して築かれている。さらに、千畳敷では礎石《そせき》が点在しており、ここに礎石建物が構えられていたことがうかがえる。観音屋敷、赤淵神社跡では方形に区画するために直線的な土塁が設けられている。

山上部の谷筋に曲輪を構える城としては、近江の観音寺城や信濃の虚空蔵山《こくぞうさん》城（長野県松本市）、美濃の大桑城などがある。観音寺城は西国観音霊場《さいごくかんのんれいじょう》の観音正寺《かんのんしょうじ》（滋賀県近江八幡市）と共

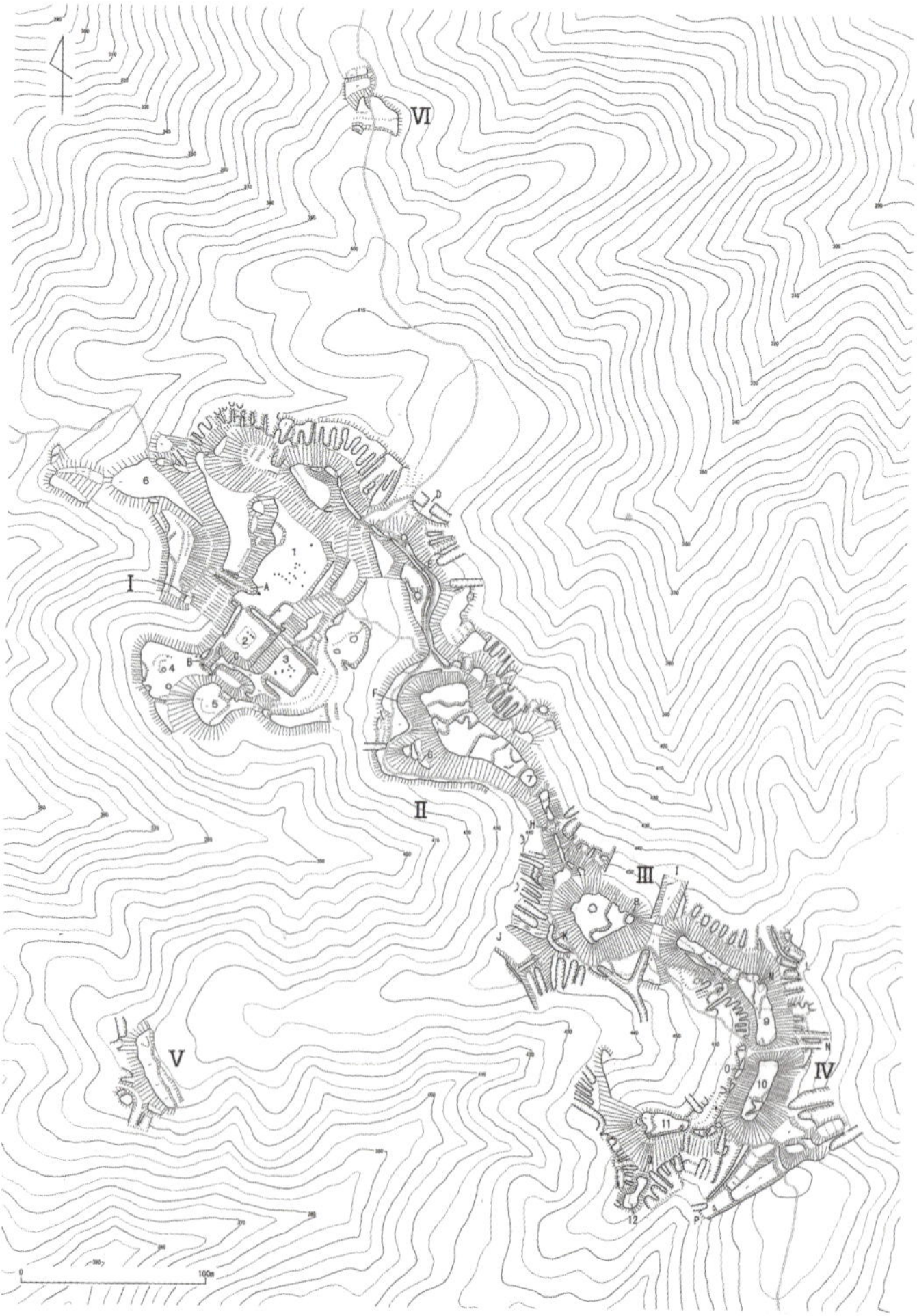

図5●一乗谷城跡縄張図
作図：新谷和之

存するかたちで城郭が構えられている。虚空蔵山城も、その名からわかるように古くより地域の聖地として信仰されていた山である。谷筋に構えられた曲輪群は先行する寺院の坊院などを利用したものと考えられる。一乗谷城でも、宗教施設の存在を示す観音屋敷の地名が伝承されており、谷筋の曲輪群は朝倉氏の築城以前に存在した山寺の遺構を利用した可能性も考えられる。

また、谷筋の曲輪構造からここに居住施設のあったことが考えられる。最初に述べたように、戦国時代の山城構造は山麓の居住空間としての居館と、山上の防御空間としての詰城《つめじろ》という二元構造なのであるが、どうも戦国時代後半になると、守護・戦国大名は山城にも居住施設を構えるようになる。たとえば、小谷城跡では山上の大広間で巨大な礎石建物《そせきたてもの》が検出されるとともに三〇〇〇〇点もの遺物が出土しており、ここに居住空間の存在したことが明らかになっている。小谷城跡では山麓の清水谷《きよみずだに》に浅井氏の居住していた御屋敷も存在しており、山上と山麓の両方に居住施設を設けていたようである。

戦国時代後半の戦争は、国レベルでの戦いとなる。そこで戦国大名たちは山城にも恒常的な居住施設を構えるようになった。そこは、女性や子どもたちが住むプライベートな空間であったと考えられる。公的な儀礼や饗宴《きょうえん》は伝統的な山麓居館で行われたのである。

一乗谷城の場合も、公的な空間は山麓の義景館を用いたのだが、戦いが始まってから山城に立て籠もるのではなく、当初から安全な山城に居住施設が設けられたと考えられる。つまり、山上にも詰城と居館が存在したわけである。一乗谷城は二元構造ではなく、三元構造であったといえる。

このように、一乗谷城は山上でも生活をする山城であったために水が必要となる。観音屋

図6◉浅井長政画像　小谷城を治めていた戦国時代の浅井氏の当主　東京大学史料編纂所蔵模写

敷（図8）より一段下の谷筋には、不動清水《ふどうしょうず》と呼ばれる谷筋から湧き出る清水があり、今もこんこんと湧き出ている。

一乗谷城跡では、発掘調査は実施されていないのだが、谷筋の居住施設に瓦《かわら》がまったく散布していない。御殿《ごてん》の屋根は板葺《いたぶ》きだったとみられる。その棟《むね》に用いた笏谷石《しゃくだにいし》製の棟瓦《むねがわら》や鬼瓦《おにがわら》が散布している。

次に、Y字の下部（南側）にあたる部分をみてみよう。ここでは、尾根筋上に一直線に北側から一の丸、二の丸、三の丸が配置されている。それぞれの曲輪間には堀切が構えられ、曲輪ごとの防御を強固にするための遮断《しゃだん》線としている（図9・10）。

赤色立体地図をよくみると、尾根筋の曲輪群の斜面にいくつもの爪で引っ掻《か》いたような筋がみえる。等間隔に掘られており、自然地形ではなく、人工的に設けられた施設であることがわかる。この施設は、畝状竪堀群《うねじょうたてぼりぐん》と呼ばれる防御施設で、山の斜面に沿って縦方向に連続して空堀を設け、空堀と空堀の間に土を盛り上げて畑の畝状にしたことから畝状竪堀群と名付けられた。山の斜面を横方向に攻めてくる敵を遮断するために構えられたものである（図11）。

赤色立体地図を今一度みてみよう。畝状竪堀群が一乗谷城の東側斜面に集中して設けられていることに気が付く。こうした一乗谷城の構造から、敵正面が東側であったことがわかる。畝状竪堀群は一四〇本におよび、日本で最大の畝状竪堀群である。さらに、畝状竪堀群だけではなく、一の丸から南に延びる尾根上の曲輪では東辺に延々と土塁が構えられており、一乗谷城が東側に対して防御していた山城であることがよくわかる。

ただ、二の丸、三の丸では西側斜面にも畝状竪堀群が構えられている。これは西側尾根からの攻撃に備えたものである。西側は義景館や城下町のある谷筋なのでそこからの攻撃は想

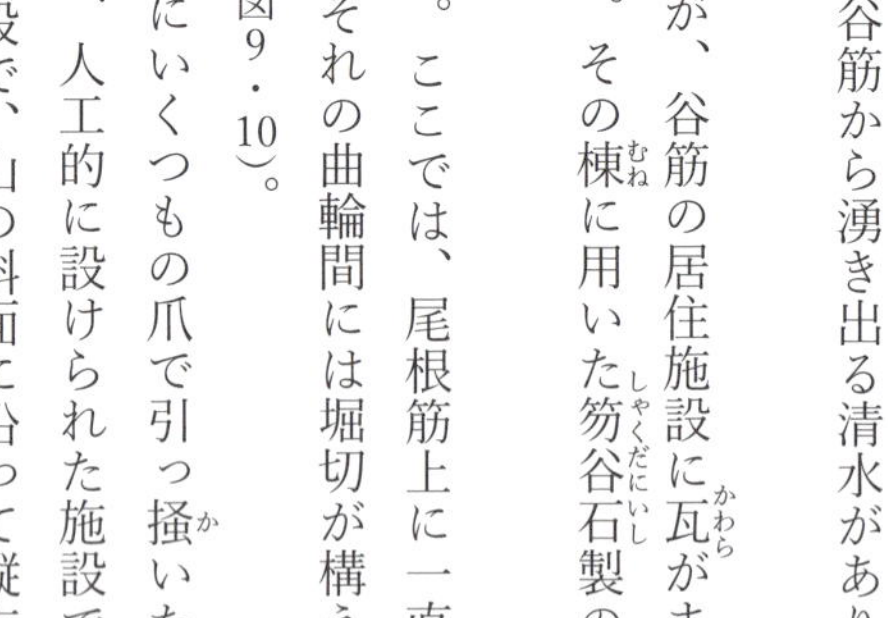

図7●小谷城跡の本丸石垣

定していないはずである。これは二の丸、三の丸とは呼ばれるものの標高差はほとんどなく、実際は二の丸こそが本来の本丸であり、山城の中心部として東側斜面だけではなく、曲輪面の周囲全体に畝状竪堀群を施したものとみられる。

さて、曲輪への出入り口となる門のところを虎口《こぐち》という。戦国時代後半になると、門両脇の土塁を喰《く》い違《ちが》わせて直進させない喰い違い虎口や、門を入ったところを土塁囲いとして直

上：図8●観音屋敷
中：図9●一の丸
下：図10●三の丸堀切

進させない桝形《ますがた》虎口など、発達した虎口が出現する。ところが、一乗谷城跡では虎口すらどこに構えられていたのかがわからない。

さらに、曲輪そのものを観察すると、本来は平坦面を造成するはずなのだが、一の丸、二の丸、三の丸では自然地形を残したまま、少し傾斜や凹凸となっている。これは現存する一乗谷城跡の築城年代を知る重要な手がかりといえる。

かつて、一乗谷城跡に残された畝状竪堀群は織田《おだ》信長《のぶなが》との対戦に備えて、元亀元年（一五七〇）頃から増築された戦国時代末期のものと考えられていた。しかし、元亀年間では全国的に発達した虎口を構えたり、曲輪は平坦に造成されたり、土塁は直線的に構えられる。一乗谷城跡で虎口がはっきりしない点や、曲輪の不整形はけっして築城の後進性を示しているのではなく、実は構築年代が古いと考えられる。

朝倉氏の築城で、元亀三年（一五七二）に小谷城を救援した際に築いた山崎丸《やまざきまる》や福寿丸《ふくじゅまる》では畝状竪堀群は配置されず、横堀《よこぼり》を巡らせ、土塁は矩形《くけい》で横矢《よこや》が掛かるようになっている。虎口も桝形となる。同様に永禄六年（一五六三）から同十二年（一五六九）におよぶ朝倉氏の国吉《くによし》城（福井県美浜町）攻めで、朝倉軍の築いた中山《なかやま》の付城《つけじろ》や狩倉山《かりくらやま》の付城、駆倉山《かけくらやま》の付城でも畝状竪堀群は用いられず、横堀と横矢の掛かる土塁囲いの曲輪によって築

図11●畝状竪堀群

かれている。

こうした朝倉氏の築城技術から、畝状竪堀群は永禄年間（一五五八〜七〇）以前の、天文年間（一五三二〜五五）頃に構えられたものと考えられる。さらに、尾根筋の曲輪群は自然地形に沿っただけで不整形な平坦面はさらに構築年代がさかのぼる可能性がある。

一乗谷城の築城は、応仁の乱を機に越前支配の拠点とした段階で行われ、四代孝景の頃に当時の最新技法であった畝状竪堀群が増築されたものと考えられる。その後の朝倉氏の安定した越前支配のもとで居城は改修されることがなくなったが、外征では最新の築城技法を導入した城郭が築かれたわけである。こうした領国内の居城が古いまま残り、外征先の城郭に最新の防御施設を設けるあり方は、甲斐の武田《たけだ》氏にも認められる。

義景館跡をあるく

山麓に構えられた居館は、五代義景によって構えられたものである（図13）。その規模は外回りが一辺約一二〇メートルで、ほぼ方一町となる。そして、北・西・南の三面には幅約八メートル、深さ約三メートルの水堀と、基底部幅約六メートル、上幅約二・四メートルの土塁が構えられ、東面は観音山があり、その外周に空堀を巡らせている。

館内には、主殿《しゅでん》や会所《かいしょ》、泉殿《いずみどの》など約一六棟の礎石建物が構えられていたことが発掘調査で確認されている。こうした構造から義景館が儀礼や政治の場として構えられたことが明らかだが、将軍邸や守護所とは大きく違う点がある。

図12●武田信玄画像　朝倉氏と同様に外征先の城郭に最新の防御施設を設けた武田氏の当主　個人蔵

『洛中洛外図屏風《らくちゅうらくがいずびょうぶ》』に描かれた室町将軍《しょうぐん》邸は、方一町の築地塀《ついじべい》に囲まれ、邸内の四分の一から三分の一が庭園となっている（図14）。御殿は儀礼と政治を行う主殿と、少しくだけた座で酒を飲んだり、茶を飲みながら庭園を鑑賞する会所《かいしょ》と、将軍と家族の住む常御殿《つねごてん》から構成されていた。

各地の守護や有力国人《こくじん》の館は、この将軍邸を模倣した。周防《すおう》守護大内《おおうち》氏の館、豊後《ぶんご》守護大友《おおとも》氏の館も発掘調査の結果、築地に囲まれ、庭園をともなう館が検出されている。将軍・守護の館は堀や土塁を構える構造ではなかったのである。

信濃《しなの》の有力国人高梨《たかなし》氏の館跡の発掘調査では、当初築地に囲まれた館であったものが、その築地を埋めて土塁と堀を構えたことが確認された。また、飛騨《ひだ》の有力国人である江馬《えま》氏の館では、築地に囲まれた館の前面に巨大な薬研堀《やげんぼり》を増築したことが判明している。築地を巡らせるだけの屋敷では、戦国時代後半の戦争には対応することができず、高梨氏館や江馬氏館のように堀や土塁を巡らせて対応したわけである。

義景館では、当初から堀と土塁を巡らせる構造となっており、居館の内部は将軍邸を模倣する空間だった

図13◉義景館跡全景

図14●『洛中洛外図屏風』に描かれた室町将軍邸　米沢市上杉博物館蔵

図15●義景館跡の土塁と堀

が、その外周は戦国時代に対応する構造として築かれたのである（図15）。守護ではなく、守護代から越前一国を統一した戦国大名であり、単に将軍邸を模倣するものではなかったのである。

それは、庭園のあり方からも指摘できる。将軍邸や守護所では、屋敷の四分の一ほどの広大な庭園が築かれていた。ところが、義景館では北東隅に小規模な池庭が構えられていたに過ぎない。一乗谷朝倉氏遺跡ではこの義景館の庭園のほか、南陽寺《なんようじ》跡庭園、湯殿跡《ゆどのあと》庭園、諏訪館跡《すわやかたあと》庭園が国の特別名勝庭園に指定されている。義景館の庭園が小規模であるのは、こうした数多くの庭園が存在しており、館に規模の大きな庭園を作る必要がなかったと考えられる。

しかし、館は儀礼の場である。守護や有力国人は将軍邸と同規模の庭園を作庭しており、なぜ、このような小規模な庭園としたのかは不明である。あるいは、改修された結果なのかもしれない。館は、四代孝景段階から機能していたことは確実で、義景の段階で建物の造営によって庭園が山裾に縮小された可能性も考えられる。いずれにせよ、庭園の規模は守護所や有力国人の館の庭園とは大きく異なっている。

今ひとつ、義景館で注目されるのが、石材を用いた施設が多く設けられていることである。館の周囲に巡らされた土塁をよくみると、堀に面して腰巻《こしまき》状に石垣の巡らされていることがわかる。とくに、館の南辺の観音山から掘られた空堀に面した部分には二段にわたる石垣が築かれている（図16）。これはまだ、高石垣を築く技術が未発達であったため、一段築いた上面にセットバックして、もう一段積む段築技法によって積まれた石垣である。

図16●二段に築かれた石垣

館内部の土塁にも、裾周りに石垣が築かれている。さらに、門部分の両脇や、義景館の上部に構えられた湯殿跡庭園や中の御殿の門の部分も石垣で築かれている。また、館内部に建てられた倉庫なども石敷となっている。

この石垣や、敷石に用いられた石材をみると、歯形のような痕跡が認められる（図17）。これは、矢穴《やあな》と呼ばれるもので、人工的に割った石である。大きな母岩《ぼがん》に列点状《れってんじょう》に溝を掘り、そこに矢と呼ばれる楔《くさび》を打ち、玄翁《げんのう》で叩くと列点《れってん》に沿って母岩《ぼがん》が割れる。切手のミシン目と同じ理屈である。割れた石材には最初に掘った列点状の溝が歯形のように残る。こうした割石技法を矢穴技法と呼んでいる。

城郭に石垣が導入されるのは、一五世紀後半から一六世紀前半であるが、こうした矢穴技法による割石が導入されるのは、天正十一年（一五八三）に豊臣秀吉《とよとみひでよし》によって築かれた大坂《おおさか》城（大阪市中央区）からで、数多く用いられるのは、慶長五年（一六〇〇）の関ケ原《せきがはら》合戦以後の築城からである。

そうした、城郭石垣に用いられる矢穴技法で割られた石材を大坂城以前に用いる城郭は、近江守護六角氏に関連する観音寺城、小堤城山城《こづつみしろやま》（滋賀県野洲市）、三雲《みくも》城（同湖南市）、佐生《さそう》日吉《ひよし》城（同東近江市）と、この義景館のみである。近江の六角氏と越前の朝倉氏が築城にいち早く矢穴技法で割った石材を用いて石垣を築いたことがわかる。

こうした技法は武家側ではなく、寺院勢力の有していた技法である。六角氏の観音寺城の石垣については、金剛輪寺《こんごうりんじ》（滋賀県愛荘町）の『下倉米銭下用帳《げくらべいせんげようちょう》』の弘治二年（一五五六）の記録に「御屋形様石垣打事《おやかたさまいしがきうちのこと》」と記されており、観音寺城の石垣構築に金剛輪寺が関わっていたことがわかる。近江は天台膝下《てんだいしっか》の地であり、平

図17◉矢穴痕の認められる石材

安時代以来数多くの山寺が建立されている。そうした山寺の造営に石垣が導入されたわけだが、その技術が築城にも取り入れられたのであった。

では、一乗谷の矢穴技法はどこからもたらされたものなのだろうか。越前では白山平泉寺《はくさんへいせんじ》（福井県勝山市）が中世には絶大な力を持つ。現在、国史跡に指定されている白山平泉寺旧境内では、発掘調査によって一五世紀にさかのぼる矢穴技法によって割られた石材を用いた石塁《せきるい》や井戸《いど》敷石《しきいし》が検出されている。一乗谷へはこの白山平泉寺の技術が導入されたものと考えられる。

城下町に設けられた上城戸・下城戸

さて、義景館の周囲には朝倉氏の家臣が住む武家屋敷、さまざまな商いをしていた町人屋敷、寺院などが造営され、城下町が形成された。この城下町の限りに設けられた施設が城戸である。城戸は、城下町の限りであるとともに城下を守る防御施設でもあった。一乗谷では南側を上城戸、北側を下城戸と呼んでいる。城戸内部は城戸の内と呼ばれる一乗谷の中枢部となる。

上城戸は、土塁と外側に堀を設けた構造で、幅約一〇五メートル、高さ約五・〇メートルを測る巨大なものである（図18）。一方、下城戸では城戸内側に石垣が築かれている。さらに、城戸の入口は直進できるものではなく、屈曲させて出入りする構造となっている。これは桝形の祖形とみてよいだろう。

驚くのは、下城戸の石垣である。用いられた石材はいずれも長辺一メートルを超える巨石ばかりで、最大のものでは長辺二メートルを超えるものが用いられている。こ

図18●上城戸土塁と一乗谷城

うした巨石をほぼ垂直に約四メートルほどに積み上げている。その姿は圧巻である（図19）。

当時も、この下城戸を往来する人たちは感嘆の声をあげたに違いない。この石垣は、軍事的というよりも、往来する人たちに武威《ぶい》と権威をみせるために築かれた石垣だったのである。近世城郭でも巨石が用いられているのは門の部分で、鏡石《かがみいし》と呼ばれている。大坂城の本丸御門正面に配置された巨石は、蛸《たこ》石《いし》と呼ばれる三二畳敷の巨石である。こうした、近世城郭の鏡石が一乗谷の下城戸に用いられていたのである。

この下城戸の石垣石材には矢穴が認められない。石材はすべて自然石を用いていたのである。この巨石を用いる技法も寺社の技術を導入したものと考えられる。白山平泉寺の拝殿《はいでん》正面の石垣は約二メートルの石材を立て並べた、石垣というよりは石列と表現した方がよいかもしれない。また、豊原寺《とよはらじ》（福井県坂井市）では川の護岸《ごがん》や白山神社の基壇《きだん》などに巨石が用いられている。こうした越前の寺院の石積みの技法を下城戸に用いたものと考えられる。

さらに、城戸は谷筋を堰き止めるだけではなかっ

図19●下城戸に用いられていた巨石

た。上城戸では東側の一乗谷城側に櫓と称する平坦面があり、赤色立体地図ではこの櫓から、上城戸に向かって小削平地が階段状に設けられていることがわかる。城戸は、谷を堰《せ》き止めるだけではなく、山の斜面と連動して敵の侵入を遮断していたものとみられる。

一乗谷全体で城を築く

朝倉氏には、『築城記《ちくじょうき》』と呼ばれる城づくりのマニュアルが伝えられている。国立公文書館《こくりつこうぶんしょかん》に所蔵されている写本の奥書には、永禄八年（一五六五）十月二十七日と記されている。この写本は朝倉義景から家臣の窪田《くぼた》三郎兵《さぶろうひょ》衛《うえ》へ相伝されたものと伝えられている。

同書には用害《ようがい》之事、山城ノ事、平城《ひらじろ》ノ事、由緒など四六の項目が記されている。その最後の項目に、「一　山城にはたつ堀然るべく候」とある。ここに記された「たつ堀」とは竪堀、とくに朝倉氏の築城に多く認められる畝状竪堀群のことではないかとみられる。つまり、「山城には畝状竪堀群は当然造るべきである」ということである。写本の奥書が永禄八年（一五六五）であり、本書の成立はそれ以前であることは間違いない。畝状竪堀群が天文年間（一五三二〜五五）に築かれたのではと想定したことと一致する。

畝状竪堀群は、青森県から宮崎県に至るまで全国に広く分布している防御施設であり、けっして朝倉氏独自のものではない。しかし、『築城記』にわざわざ記したのは、朝倉氏の築城には必須の防御施設だったからだろう。居城として築いた一乗谷城に、一四〇本もの畝状竪堀を構えたことが雄弁

図20●朝倉館唐門の風景

に物語っている。

このように、国特別史跡に指定された一乗谷朝倉氏遺跡はけっして義景館跡と城下町だけを指すものではない。山城として一乗谷城を構え、山麓の義景館も堀によって囲い、城下町の限りには城戸を設けるなど、一乗谷全体で城を築いていたのである。

一時間の山登りはくたびれる。しかし、山中に残る城郭遺構を目にするとその疲れも忘れてしまう。とくに谷全体を見下ろし、日本海まで見える眺望はすばらしいものだ。ぜひ、皆さんも一度登ってみていただきたい。

図21●一乗谷城跡からの眺望

三　一乗谷城から紐解く朝倉氏

石川美咲

朝倉氏は守護ではない

戦国大名《せんごくだいみょう》、戦国期守護《せんごくきしゅご》、守護大名《しゅごだいみょう》、越前国主《えちぜんこくしゅ》など、武家領主《ぶけりょうしゅ》としての越前朝倉《あさくら》氏の地位を表す日本史上の概念は、ものによってまちまちである。朝倉氏とは、いったい「何者」なのだろうか。

朝倉氏の出自は、但馬《たじま》国養父《やぶ》郡朝倉庄（兵庫県養父市）を名字の地とする日下部《くさかべ》氏の一族である。延元二年（一三三七）、朝倉広景《ひろかげ》・高景《たかかげ》父子は越前守護斯波《しば》高経《たかつね》に従い、越前入国を果たしたといわれる。その後、広景の六代後の孝景《たかかげ》（法名は英林《えいりん》）が長禄《ちょうろく》年間に越前国内に生じた内訌《ないこう》に乗じ台頭し、応仁《おうにん》の乱《らん》を迎える。

では、朝倉氏とは、越前国の守護なのか。応仁の乱の最中に発給された次の史料の解釈をめぐって、議論がなされてきた。

【史料】 文明三年五月二十一日付足利義政御内書写

越前国守護職事、任望申之旨訖、委細右京大夫可申候也、

文明参　　慈照院殿様（足利義政）

五月廿一日　　御判

図1● 赤淵神社　枚田内高山のふもとに鎮座する式内社で、朝倉氏の祖先日下部氏の氏神。祭神は、大海龍王神、赤淵足尼神、表米宿彌神の三神。赤淵足尼命は表米宿彌命の祖神　兵庫県朝来市

朝倉弾正左衛門尉（孝景）殿

右の史料は、『朝倉家記《あさくらけき》』（戦国末期～江戸初期成立）に収録されている。長享《ちょうきょう》元年（一四八七）と延徳《えんとく》三年（一四九一）の二度に渡って、越前守護斯波義寛《よしひろ》と朝倉貞景《さだかげ》（孝景の孫）の間で越前国の支配権をめぐる相論が生じた。同書には、その際に朝倉方が幕府へ証拠書類として提出した文書も含む関連文書四十二点が写されている。従来、右の史料を根拠として朝倉氏は守護職に補任されたとみなされてきた（孝景一代限りの守護職とする説もある）。しかし近年、大薮海《おおやぶうみ》氏は、この文書をもって、朝倉氏が守護職《しゅごしき》に補任されたとは認められないと主張している（大薮二〇一三）。

大薮説の論拠は、次のとおりである。まず、右の史料では守護職について「望申之旨《のぞみもうすのむね》」に任すと曖昧《あいまい》に書かれており、かつ守護職補任状《しゅごしきぶにんじょう》の体裁をなしていない。さらには、孝景が守護職を補任されたと考えると、

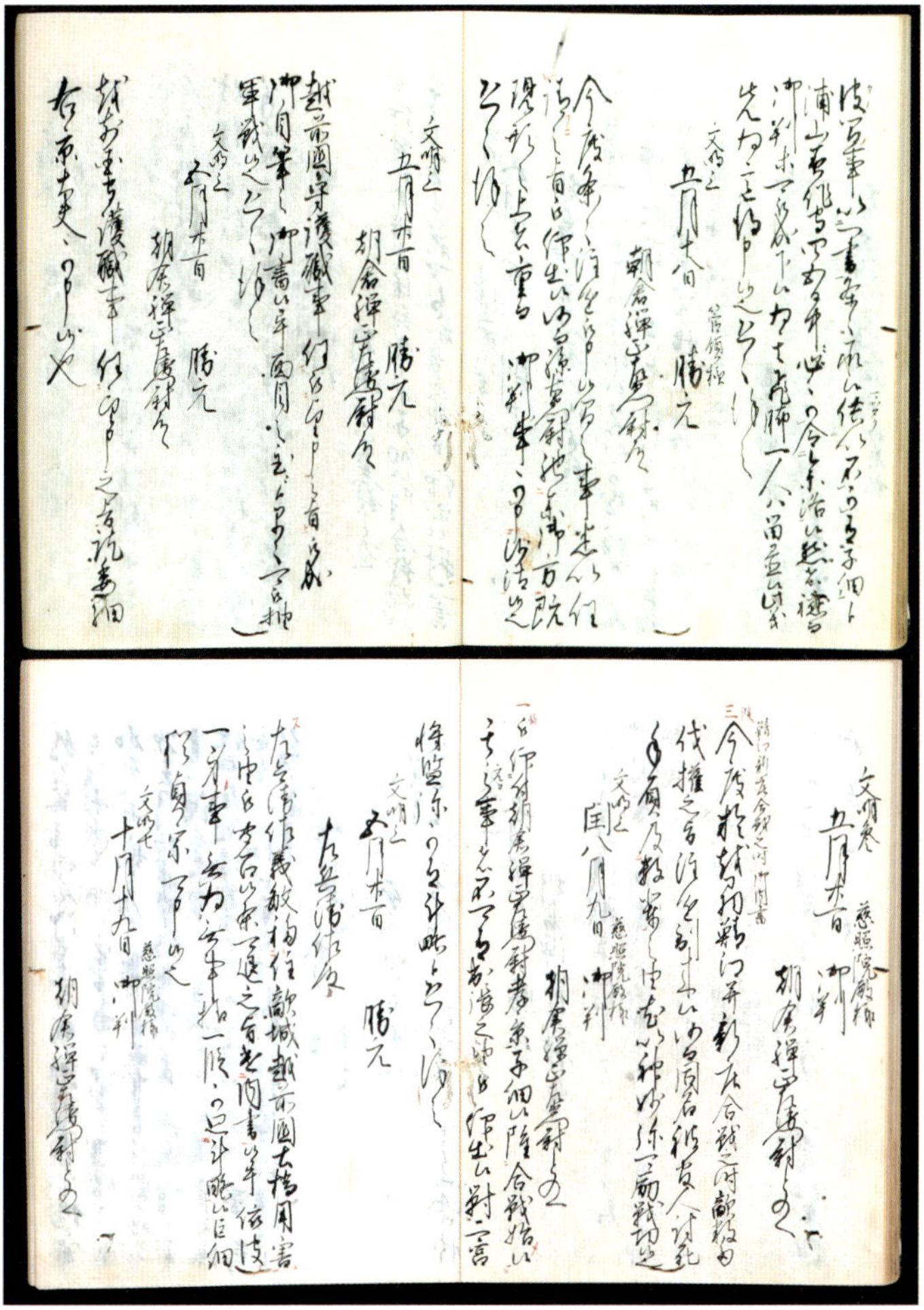

図2●『朝倉家録』下巻（部分） 富山県立図書館蔵

図4●朝倉孝景画像　福井市足羽・心月寺蔵

図3●朝倉義景画像　福井市足羽・心月寺蔵

前後の政治過程と辻褄《つじつま》が合わないという。朝倉孝景は文明三年（一四七一）六月、西軍方の主力であったにもかかわらず、東軍へ寝返り、翌月越前において西軍方の守護代《しゅごだい》甲斐《かい》氏と合戦となり敗北した。その背景に、孝景が自らを「国司《こくし》」であると称し、国人たちの反感を買い、彼らに背かれた経緯がある（『大乗院寺社雑事記《だいじょういんじしゃぞうじき》』同年八月五日条）。大薮氏は、孝景が「国司」を称せざるをえなかった点に着目し、これは「守護職に補任されなかったことへの代替行為」と推定している。

以上のように、朝倉氏が守護職を希求したことは間違いないが、その後も結果として守護職に補任されることはなかった。したがって、よく守護だと誤解されやすい朝倉氏であるが、朝倉氏が守護であったとはいえない。なお、長享・延徳の相論《そうろん》では、朝倉氏が斯波氏の被官ではなく将軍家直臣《じきしん》であるとなし崩し的に認められはしたものの、斯波氏との関係に決着はつかなかった。

とはいえ、その後の朝倉氏が越前一国の支配権を確立し、国主（大名）として定着していったことは確かである。また、朝倉氏は多額の献金《けんきん》を行い、幕府との関係を深め、家格《かかく》を上昇させた。永正十三年（一五一六）、朝倉孝景（貞景の孫、法名は大岫宗淳《だいしゅうそうじゅん》）は、足利義《よし》植《たね》から毛氈鞍覆《もうせんくらおおい》と白傘袋《しろかさぶくろ》の使用を許可されている（『朝倉始末記』所収系図）。天文七年（一五三八）には、孝景は御相伴衆《ごしょうばんしゅう》に加えられた（『後鑑《のちかがみ》』）。

天正元年（一五七三）八月、英林孝景から数えて五代目の義景《よしかげ》が織田信長《おだのぶなが》に敗れ一乗谷を逐われ、越前大野《おおの》で自害した。こうして、越前朝倉氏は滅亡した。以上が朝倉氏の歴史のあらましである。

図5●足利義昭画像　室町幕府十五代将軍。義昭は義景をたいへん頼りにしており、左衛門督に任じるなど厚遇した　東京大学史料編纂所蔵模写

一乗谷関連史料にみえる「城」

ここからは、趣向を変えて、文献《ぶんけん》史料《しりょう》を用いて「一乗谷城」を論じてみたい。一般的に、一乗谷城下町の谷を構成する東側の丘陵（通称「一乗城山」、標高四七三・五八メートル）に築かれた山城を「一乗谷城」と呼んでいる。この山城一乗谷城の正確な築城《ちくじょう》時期は不明であり、どのような使われ方をしていた城であったのかも、同時代史料からはうかがい知ることはできない。とはいえ、一乗谷に対する戦国期当時の人々の認識について触れられた史料のなかから、あるいは周辺諸国の大名権力の城郭《じょうかく》と比較したりすることで、解明の手がかりが得られるのではないだろうか。以下では、一乗谷城が朝倉氏にとってどのような場であったのか探るべく、いくつかの小テーマを設けてみてゆきたい。

一乗谷に関する史料に、「城」という文言自体がみえないわけではない。十五世紀後半、初代朝倉孝景による越前平定の過程で、史料に「朝倉本城一乗」とみえる。これは、『大乗院寺社雑事記』紙背文書の文明四年（一四七二）に比定される九月十二日付「安《あん》

図6◉『大乗院寺社雑事記』文明十二年八月三日条（部分）「一乗ハ山ノ間ノ谷也」と書かれている　国立公文書館蔵

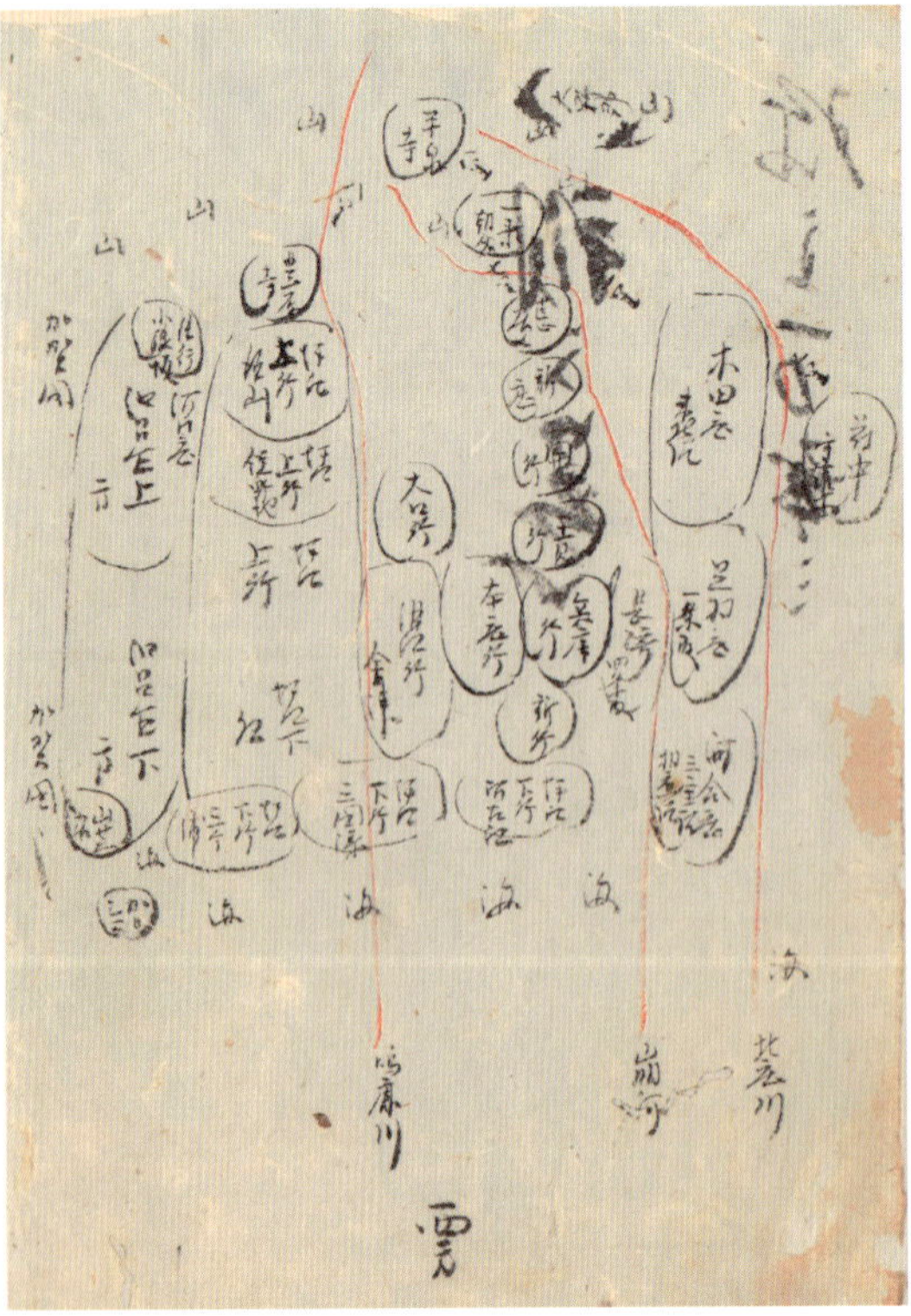

図7◉坂井郡河口・坪江荘近傍図（『大乗院寺社雑事記』文明十二年八月三日条挿図）　国立公文書館蔵

位寺経覚《いじきょうがく》書状」の本文中の文言である。すなわち、大和安位寺《やまとあんいじ》の経覚《きょうがく》が大和興福寺《こうふくじ》大乗院の尋尊《じんそん》へ、守護代甲斐氏が朝倉氏の「本城一乗」を攻めた、と越前の戦況を伝えているのである（ただし、甲斐氏方の一乗谷への攻撃が実際にあったかどうか、これ以外の史料から確認することはできない）。このことに着目した佐藤圭《さとうけい》氏は「同時代の一乗谷の呼称として貴重な記録であり、当時越前で、また大和古市の経覚がこのように呼んでいたことがわかり興味深い」と評価している（佐藤二〇一四）。

『大乗院寺社雑事記』には、このほかにも一乗谷と「城」文言に関する記述が散見される。たとえば、文明十二年八月三日条では、越前国の略地図が記され、本文中に「平泉寺ヨリ一乗朝倉城マテハ其間八里也（中略）一乗ハ山ノ間ノ谷也」との記述がある。また、一乗谷の大火を伝える文明十四年閏七月十二日条も、「朝倉城」とみえる。同日条からは、重臣の屋敷地も焼けるほどの大火であったことが読み取れ、先行研究で家臣団の城下町集住が一定程度達成されていたことの指標として、用いられてきた（小野一九九七）。以下に当該箇所を引用する。

一、去三日昼八時より、朝倉館①一乗大焼亡、自火也云々、随分者共焼死云々、但屋形②并朝倉城③ハ無為云々、（後略）

傍線部②の「屋形《やかた》」は、その前に当主の居館を指す「朝倉館」（傍線部①）があり、読みは同じ「ヤカタ」だが、書き分けがなされている。

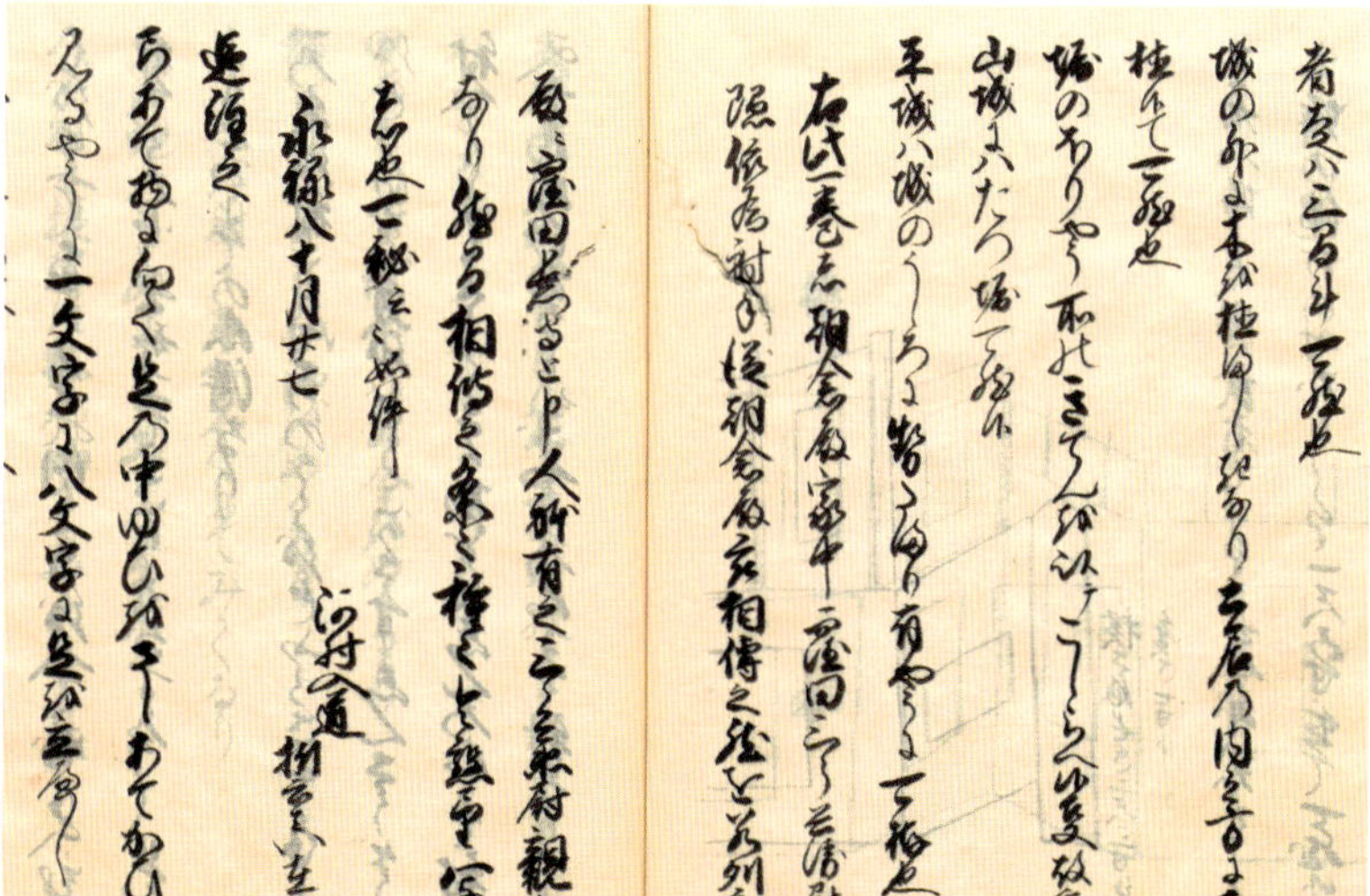

図8●『用害之記』（部分）　本書名は『築城記』の別名である。写真五行目には、「山城にはたつ堀（竪堀のことか）然るべく候」と書かれている　国立公文書館蔵

この場合の「屋形」は人格を示し、当主本人、すなわち二代当主氏景《うじかげ》を指すと考えられる。隣国美濃土岐《みのとき》氏の故実書《こじつしょ》『土岐家聞書』（十六世紀前半成立）には、「惣《そう》じて大名の宿所《しゅくしょ》を屋形と申事《もうすこと》。（中略）他家へ対して主仁（人）を屋形と申儀《もうすぎ》は無礼也《ぶれいなり》。三管領《さんかんれい》の者も主仁（人）を屋形と申儀は無礼也」とある。つまり、この時代においては、大名居館を「屋形」と呼ぶ場合と、主家の当主、すなわち大名本人を「屋形」と呼ぶ場合と、両義があったのである。本史料の「屋形」は、後者と解釈できる。

では、これらの史料にみえる「朝倉本城」や「朝倉城」は、一乗谷城を指すのか。南洋一《みなみよういち》郎《ろう》氏は「山城をさすというより、朝倉氏の屋形のある場所全体をさしている」と説く（南一九九二）。また、前掲の大火の史料を検討した齋藤慎一《さいとうしんいち》氏は、「朝倉城」をより限定して「山上の要害ではなく、日常的な空間である山麓《さんろく》に所在した一乗谷朝倉氏遺跡の中心である朝倉館跡の遺跡にあたる「朝倉館」を指している」と比定している（齋藤二〇二二）。ただし、現時点では初代孝景および二代氏景の時代における朝倉館が遺跡内のどこに位置していたのかは解明されていない。したがって、厳密には「一乗谷朝倉氏遺跡の中心」とするよりも、「城下町一乗谷の中心」と表現する方がより正確であろう。

以上のように、十五世紀段階の文献史料に見られる「朝倉本城」や「朝倉城」を、朝倉氏当主の館に限定するのか、あるいは当主館を中心とした一乗谷全体を指すのかについては議論の余地がある。しかし、いずれにしても、「城」という表現が山城である一乗谷城を指しているわけではないことは明らかである。

図9●木簡（朝倉館跡出土）　朝倉氏当主を指す「御屋形様」と墨書されている

『築城記』について

一乗谷に多数の文化人が下向したことに象徴されるように、朝倉氏は文化・芸能面で、独自の発展を遂げた大名と評価されている（米原一九七六、宮永二〇一八）。朝倉家中では、当主だけでなく、家臣レベルでも弓馬《きゅうば》などのさまざまな武《ぶ》家故実《けこじつ》の伝授《でんじゅ》が行われていたことが知られている。『築城《ちくじょ》記《き》』も、そうした武家の教養の一つとして、朝倉家で代々相伝された城郭普請《ふしん》に関する故実書である。原本は伝わっておらず、後世の写本《しゃほん》のみ伝えられている。本書には永禄《えいろく》八年（一五六五）十月二十七日付の奥書《おくがき》があり、その元となった本が朝倉義景から家臣の窪田三郎兵衛《くぼたさぶろうひょうえ》へ相伝《そうでん》されたものだと触れられている。成立年代は未詳であるが、十六世紀前半以前の室町・戦国期のある段階と考えられている（佐藤二〇〇八）。このように、一乗谷の文芸興隆《ぶんげいこうりゅう》の波が、城郭普請の作法《さほう》という分野にまで及んでいた点は、興味深い。

近年、竹井英文《たけいひでふみ》氏が『築城記』について、城郭研究の視点からその内容を検討している（竹井二〇一八）。これによると、『築城記』は「塀《へい》・櫓《やぐら》・柵《さく》・木戸《きど》など建物のつくり方に関する記述が多数ある」一方で、「土塁《どるい》や堀に関する記述が少な」く、横矢《よこや》や馬出《うまだし》、枡形《ますがた》など実際の縄張《なわば》りの技術に関

図10◉『築城記』をもとに一部を実物大復元した中世城郭模型　滋賀県立安土城考古博物館蔵

する記述はほとんどないという。『築城記』の記述と、現状みられる一乗谷城の縄張りとが乖《かい》離《り》している部分も少なくない点には、留意する必要があるだろう。

周辺大名の本城と比較して

一九八〇年代、戦国大名権力論《けんりょくろん》の研究が飛躍的に進歩した。そうしたなか、越前朝倉氏を「中部大名《ちゅうぶだいみょう》」と呼ばれるグループの一つに分類する動きがあった。勝俣鎮夫《かつまたしずお》氏は、越前朝倉氏、近江佐々木六角《おうみささきろっかく》氏、美濃土岐・斎藤《さいとう》氏といった大名権力を「中部大名」と位置づけ、その狙いを畿内《きない》近国の「東部に形成された大名領国をひとつのタイプとして把握する」ためとした。これらの大名たちは「対立抗争するにせよ、同盟を結ぶにせよ」、「ひとつの政治的、軍事的ブロックのなかで存在していた」と説いた（勝俣一九八三）。勝俣氏の考えを継承した佐藤圭氏は、これら三か国の大名に若狭武田《わかさたけだ》氏を加えた範囲で、朝倉氏を中心に、応仁《おうにん》の乱以降永禄《えいろく》年間初頭における、大名間の軍事・外交・婚姻《こんいん》関係について、史料に基づき具体的に論じた（佐藤一九九六）。

このように、これらの大名たちが、単に領国《りょうごく》が隣り合うだけでなく、家格も近しく、政治的・軍事的に相互に影響、規定し合う関係であったことは間違いない。このことは、政治史にとどまらず、拠点城郭・城下町形成の面でも、一定程度当てはまるようだ。近年、筆者は土岐氏の本城大桑《おおが》城・守護所大桑城下町（岐阜県山県市）における一乗谷・朝倉氏の影響について論じた（石川二〇一九）。美濃においては、大名権力によって初めて本格的に築かれた山城が大桑城である（標高約三〇

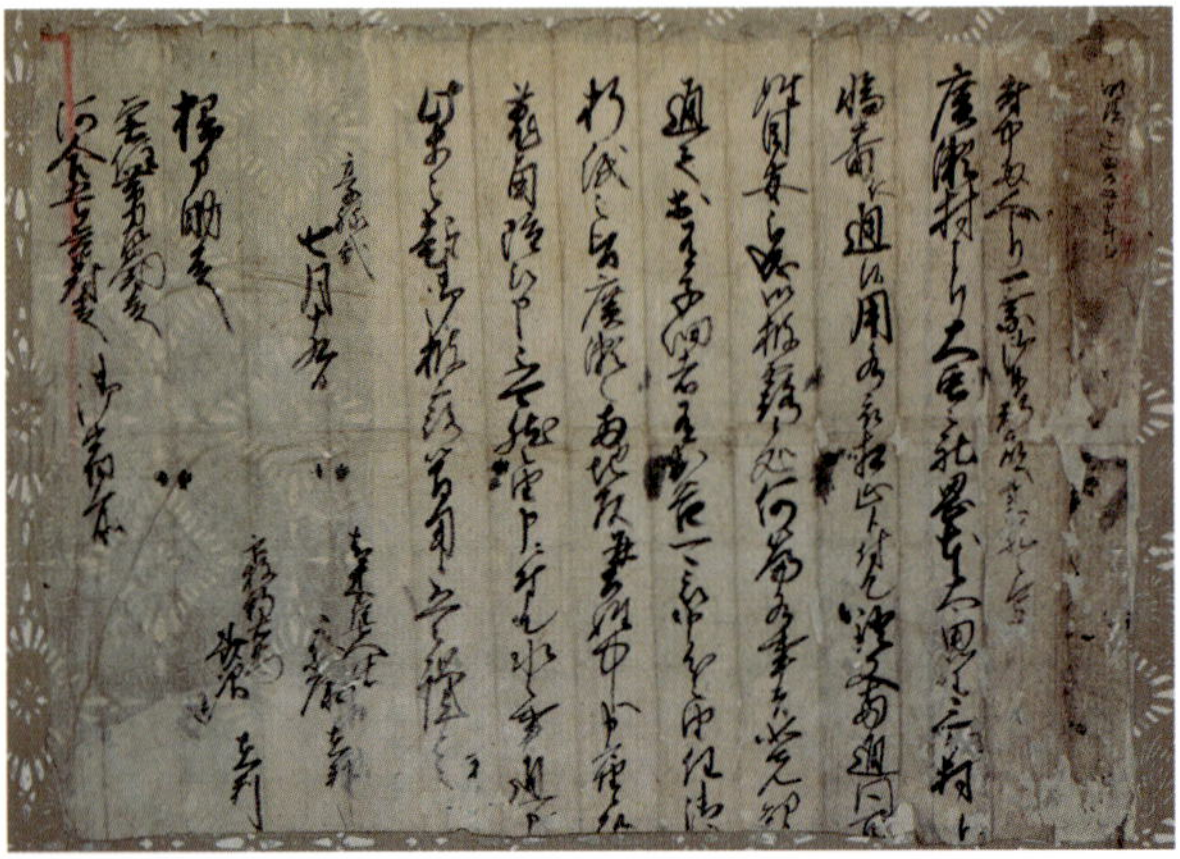

図11●享禄二年七月十九日付「府中両人連署状案」　この文書中（写真中央あたり）には「出谷」と書かれている　田中四郎兵衛家文書

〇メートル）。正確な年代は不明であるが、大永《だいえい》五年（一五二五）の土岐氏の内訌《ないこう》が築城の契機と考えられ、天文十二年（一五四三）に斎藤道三《どうさん》に攻められ廃城となった。大桑城では、山上に居住空間と考えられる曲輪《くるわ》群があり、生活の痕跡《こんせき》をうかがわせる遺物（かわらけや貿易陶磁器《ぼうえきとうじき》など）が採取されている。つづく後斎藤氏（道三以降三代）の居城稲葉山《いなばやま》城（のちの岐阜城、岐阜市）も標高三〇〇メートル級の山城である。稲葉山城は、当主の居住空間であると同時に、領国の人々が訴訟《そしょう》のために訪れる法廷としての役目も果たしていた。史料上、訴訟の当事者が、稲葉山城に出向く行為は「登城」と表現されていたことがわかる（永禄沙汰）。ここに、稲葉山城に「政庁」としての機能が備わったことがうかがえよう（石川二〇一九）。このように、大名の居所である山城が、「政庁《せいちょう》」、すなわち公的空間としての機能を有するようになった事例は、六角氏の本城観音寺《かんのんじ》城（滋賀県近江八幡市、標高約四〇〇メートル）でも報告されている。訴人《そにん》・論人《ろんにん》が観音寺城へ出頭する行為についても、史料上「登城」と表現されている（長命寺《ちょうめいじ》文書）。観音寺城の築城は南北朝期に遡るが、新谷和之《しんやかずゆき》氏は、「政庁」としての機能が備わるのは十六世紀が画期とみている（新谷二〇一八）。

以上のように、十六世紀以降、越前と国境を接する美濃・近江両国では、大名権力の公的な空間として、山城が選択されるに至ったのである。では、一乗谷・朝倉氏の場合はどうだろうか。朝倉氏の奉行人が担当した在地相論《ざいちそうろん》などに関する史料に「出谷《しゅっこく》」との文言がしばしばみえる。早い事例では、十六世紀前半の孝景（大岫宗淳）期の文書にみえる（享禄二年〈一五二九〉七月十九日付 府中両人連書状案〈田中四郎兵衛家文書〉）。「出谷」とは、「谷から出て行く」という意味ではなく、「谷に出頭する」という意味で用いられている。もちろんここでいう「谷」とは、一乗

図12●福井県立一乗谷朝倉氏遺跡博物館 基本展示の朝倉館復元模型　写真中央が七間厩

谷のことである。そして、「出谷」した領民は、朝倉館の「七間厩《しちけんうまや》」において、朝倉氏の奉行人に相対し、さまざまな行政的手続きを行った（元亀三年〈一五七二〉年六月十五日付 朝倉氏奉行人連署奉書〈劔神社文書〉）。当主の居住空間でもある朝倉館は、司法・行政の場でもあったのである。このことについて佐藤圭氏は、「一乗谷の政治的意義が端的に現れている」と評価している（佐藤二〇〇二）。

越前朝倉氏の場合、「政庁」として機能したのは、やはり朝倉館であったといえよう。「出谷」文言からは、朝倉氏の公的空間を標榜するのは一乗「谷」であり、山城の一乗谷「城」ではない、という当時の認識が看取される。また、実際、山城一乗谷城で、訴訟手続きなどの行政行為はなかったと考えられる。とはいえ、前述した周辺諸国の状況を鑑みれば、朝倉氏がこれに触発され、一乗谷城に軍事目的以外に利用する空間として山上御殿を整備したと想定する余地はあるだろう。この点はさらなる精査が必要ではあるが、問題提起も意図し、ここではあえて大胆に可能性を指摘しておきたい。

一乗谷城に関して、残された文献史料は限られている。だが、周辺に視野を広げて丁寧に探ってゆけば、その機能を解明する手がかりは見えてくると考えている。

【参考文献】

石川美咲「大桑城」・「訴訟のために〝登城〟する人々」（内堀信雄・中井均編『東海の名城を歩く　岐阜編』吉川弘文館、二〇一九年）

大薮海『室町幕府と地域権力』（吉川弘文館、二〇一三年）

小野正敏『戦国城下町の考古学――一乗谷からのメッセージ』（講談社、一九九七年）

勝俣鎮夫編『戦国大名論集四　中部大名の研究』（吉川弘文館、一九八三年）

齋藤慎一『中世東国の信仰と城館』（高志書院、二〇二一年）
佐藤圭「朝倉氏と近隣大名の関係について――美濃・近江・若狭を中心として」（『福井県史研究』一四号、一九九六年）
佐藤圭「朝倉氏の盛衰と一乗谷」（水野和雄・佐藤圭編『戦国大名朝倉氏と一乗谷』高志書院、二〇〇二年）
佐藤圭編『福井県立一乗谷朝倉氏遺跡資料館古文書調査資料二　朝倉氏の家訓』（福井県立一乗谷朝倉氏遺跡資料館、二〇〇八年）
佐藤圭『朝倉孝景――戦国大名朝倉氏の礎を築いた猛将』（戎光祥出版、二〇一四年）
新谷和之『戦国期六角氏権力と地域社会』（思文閣出版、二〇一八年）
竹井英文『戦国の城の一生――つくる・壊す・蘇る』（吉川弘文館、二〇一八年）
南洋一郎「「一乗谷城」研究史抄」（福井県立朝倉氏遺跡資料館編『朝倉氏遺跡資料館紀要一九九一』一九九二年）
宮永一美『越前朝倉文化の研究』（総研大乙第二五五号、二〇一八年）
米原正義『戦国武士と文芸の研究』（桜楓社、一九七六年）

朝倉氏系図

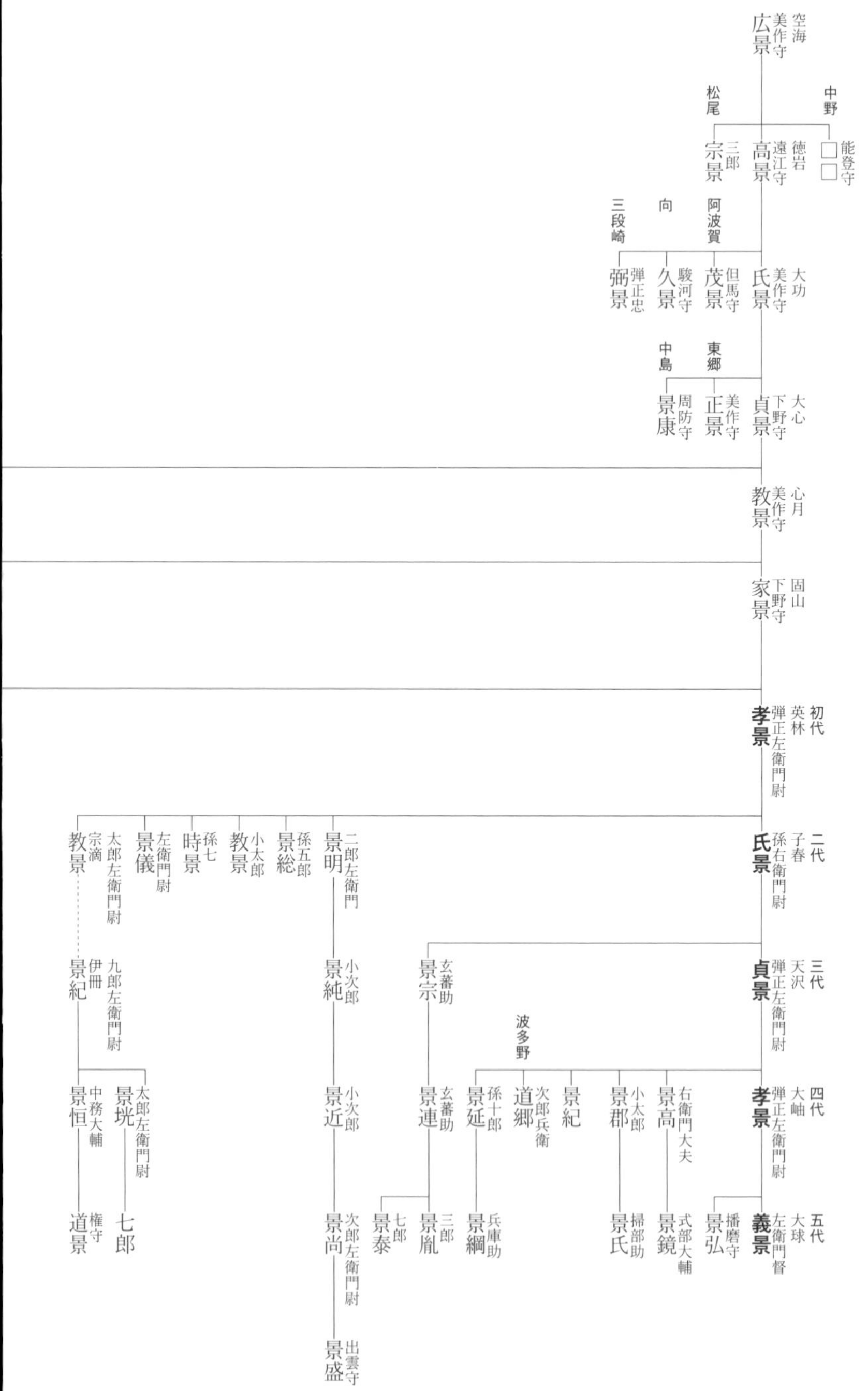
空海 美作守 広景
中野 能登守 □□
徳岩 遠江守 高景
松尾 三郎 宗景
大功 美作守 氏景
阿波賀 但馬守 茂景
向 駿河守 久景
三段崎 弾正忠 弼景
大心 下野守 貞景
東郷 美作守 正景
中島 周防守 景康
心月 美作守 教景
固山 下野守 家景
初代 英林 弾正左衛門尉 孝景
二代 子春 孫右衛門尉 氏景
二郎左衛門 景明
孫五郎 景総
小太郎 教景
孫七 時景
左衛門尉 景儀
宗滴 太郎左衛門尉 教景
三代 天沢 弾正左衛門尉 貞景
玄蕃助 景宗
小次郎 景純
伊冊 九郎左衛門尉 景紀
四代 大岫 弾正左衛門尉 孝景
右衛門大夫 景高
小太郎 景郡
景紀
波多野 次郎兵衛 道郷
孫十郎 景延
玄蕃助 景連
小次郎 景近
太郎左衛門尉 景垙
中務大輔 景恒
五代 大球 左衛門督 義景
播磨守 景弘
式部大輔 景鏡
掃部助 景氏
兵庫助 景綱
三郎 景胤
七郎 景泰
次郎左衛門尉 景尚
七郎
権守 道景
出雲守 景盛

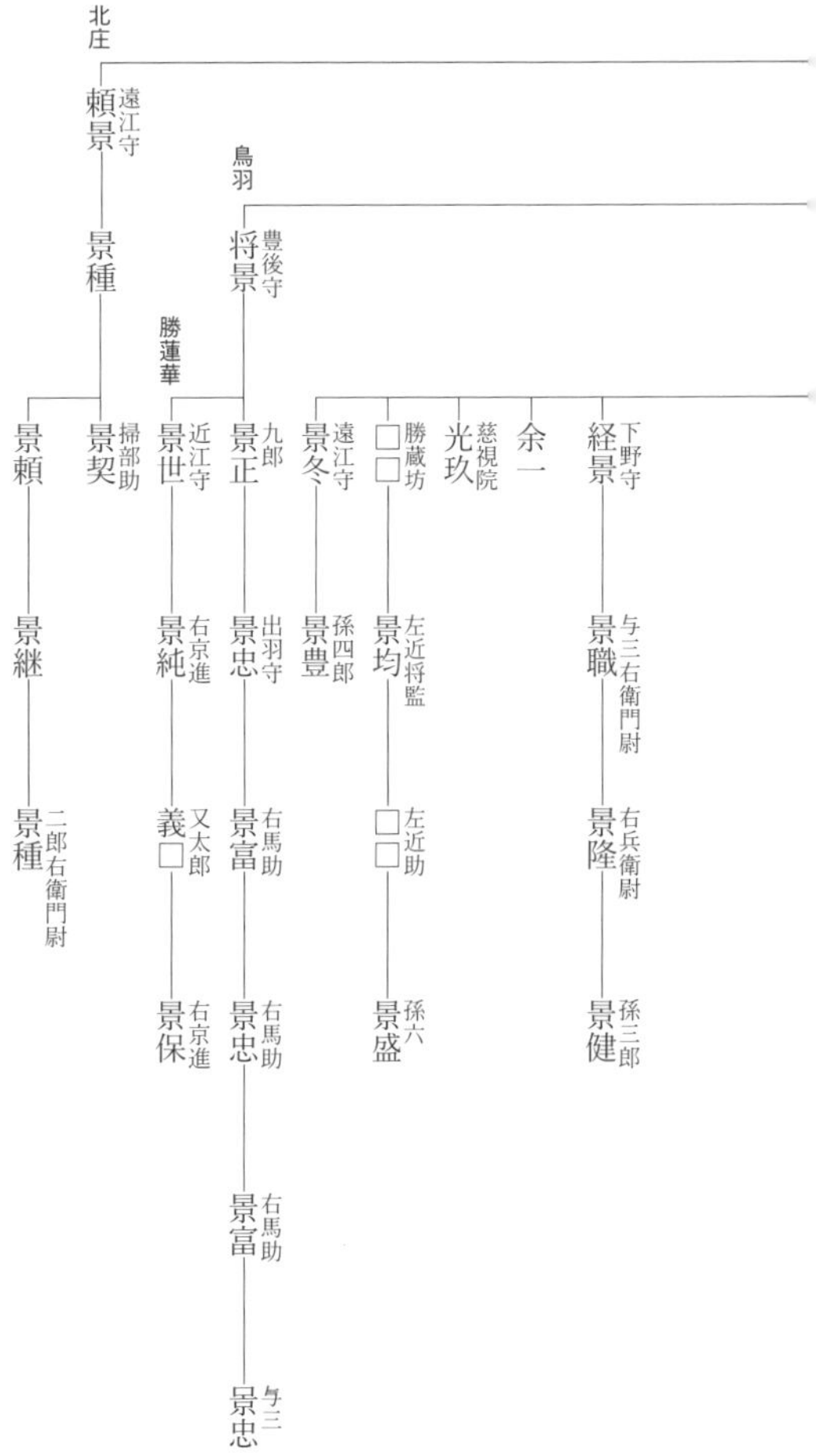

『朝倉家伝記』『日下部氏朝倉系図略』によって作成した。……は養子関係を示す。

三　防御技術に優れた一乗谷城

新谷和之

日本を代表する戦国城下町の中枢

一乗谷朝倉氏遺跡《いちじょうだにあさくらしいせき》は、戦国期城下町《せんごくきじょうかまち》の様相をよく留める遺跡《いせき》として国の特別史跡《とくべつしせき》に指定されている。特別史跡は全国に六四ヶ所あるが、このうち戦国期の城下町遺跡は一乗谷のみである。つまり、一乗谷は日本を代表する戦国城下町なのである。

城下町というからには、中心となる城があって然るべきである。一乗谷の場合、谷を取り巻く山上に城郭の遺構が点在し、城下町を防御している（図1）。そのうち、朝倉館の南東に位置する山城が最も規模が大きく、防御性も高い。以下、これを一乗谷城と呼ぶことにする。

一乗谷では山麓《さんろく》の居館《きょかん》と城下町域の整備が先行し、一乗谷城の存在はそれほど知られていなかった。しかし、近年の城郭《じょうかく》ブームを受けて、福井県下の主要な中世《ちゅうせい》城郭を紹介した書籍が刊行され（山口・佐伯編二〇二二）、一乗谷城跡を訪れる方も増えてきた。一乗谷の都市機能を考えるうえで、一乗谷城が重要であるとの指摘がなされるなど（一乗谷朝倉氏遺跡資料館二〇二二）、調査・研究の機運が急速に高まりつつある。

私自身は近江六角《おうみろっかく》氏の研究を手がけてきたが（新谷二〇一八・二〇二三a）、隣国である越前《えちぜん》の朝倉氏には以前から関心を寄せていた。現職の近畿大学《きんきだいがく》に着任した頃、一乗谷城跡を見学し、遺構の見事さや残りのよさに感激した。その魅力にすっかり憑りつかれた私は、一乗谷

図1●一乗谷周辺の城郭遺構（新谷二〇一九）

に足しげく通うようになり、廃城後の山林用益《さんりんようえき》や平面プランについて考察する機会を得た（新谷二〇一九・二〇二二）。岐阜県や和歌山県などで中世城郭跡の総合調査に携わった経験も踏まえ、一乗谷城も含めた拠点山城《やまじろ》の展開について現在は考えている（新谷二〇二四）。ここでは、それらの成果をもとに、現地の見所も交えつつ一乗谷城の特徴を紹介することにしたい。

容易に人を寄せ付けない立地

一乗谷城は、朝倉館の背後にそびえる一乗城山の山上に築かれた。標高約三七〇メートルから四七五メートルの間に遺構が広がり、東西約四四〇メートル、南北約六二〇メートルの規模を有する。越前国内では最大級の山城であり、戦国大名朝倉氏の本城にふさわしい規模と実質を備えている。

一乗谷城は、麓の集落からの標高差が四〇〇メートル以上あり、登るのに苦労する。一乗谷朝倉氏遺跡活用推進協議会は、一乗谷城登山ルートMAPを作成し、一乗谷朝倉氏遺跡ポータルサイトで紹介している（＊https://ichijo-dani.com/go_around/）。そこには、次の四つの登山道

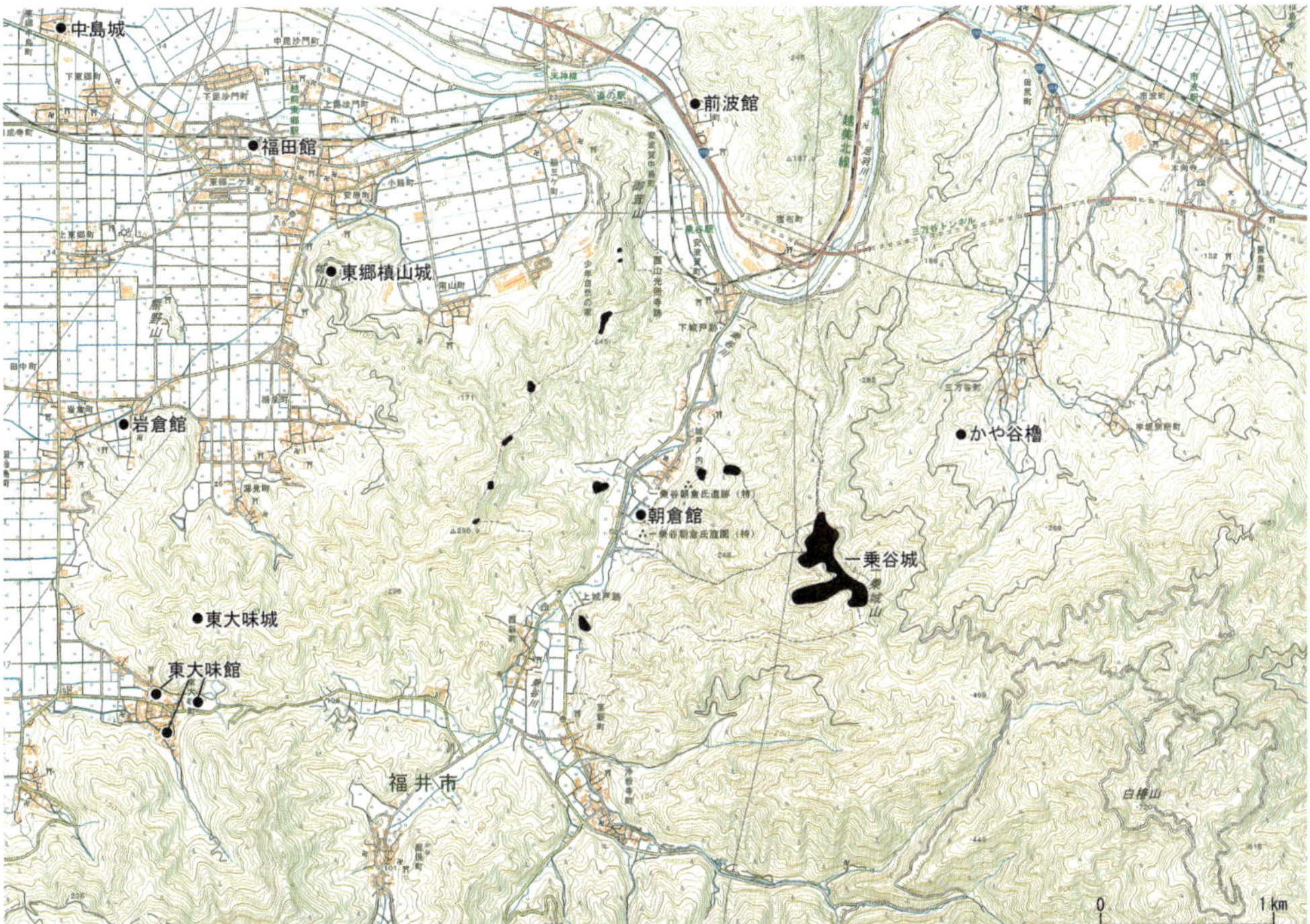

が示されている。下城戸《しもきど》ルートは、巨石を積み上げた下城戸跡（図2）の東方から尾根伝いに山上を目指す登山道である。尾根筋のアプローチは比較的緩やかだが、時間がかかる。馬出《うまだし》ルートは、小見放《こみはなち》城跡（福井市）を経由して千畳敷《せんじょうじき》跡へと至る登山道で、後述する英林塚《えいりんづか》ルートと途中で合流する。英林塚ルートは、朝倉館背後の谷筋を登っていく登山道で、四つのなかでは最も険しいルートである。三万谷《さんまんだに》ルートは、一乗谷東方の林道を南進する道で、途中まで車で移動することができる。車が利用できれば、最も労力の少ないルートである。

これらはあくまでも現在の登山道であり、戦国時代にどのようなルートが使用されていたかははっきりしない。居館や城郭の位置を踏まえると、馬出ルートや英林塚ルートが当時の登城路に比較的近いといえるかもしれない。それぞれの関心や体力の度合いに応じて、適切なルートを選択していただきたい。ちなみに私は、四つのルートをすべて試したことがある。

山城跡の地表面観察

一乗谷朝倉氏遺跡では、発掘《はっくつ》調査《ちょうさ》に基づき遺構《いこう》の表示や武家屋敷《ぶけやしき》・町屋《まちや》の立体復元《りったいふくげん》がなされ、戦国時代の城下町を体感できるような整備が施されている。また、ガイダンス施設である一乗谷朝倉氏遺跡博物館では、朝倉義景の館が原寸大で再現されており（福井県立一乗谷朝倉氏遺跡博物館二〇二二）、現地の遺構と合わせて朝倉氏の栄華を感じ取ることができる。

一乗谷城では発掘調査がまだ行われておらず、復元などの整備は及んでいないが、遺構は良好な状態で残されている。といっても、丸岡《まるおか》城（福井県坂井市）や姫路《ひめじ》城（兵庫県姫路市）のように建物が残っているわけではない。居住や駐屯《ちゅうとん》のための平坦地（曲輪《くるわ》）や、土塁《どるい》や堀《ほり》などの防御施設が地表面で観察できるのである。こうした土づくりの造作を丹念に読み解くこと

図2●巨石を積み上げた下城戸跡

により、城の特徴を把握することがある程度可能である。

その際、詳細な地形測量《ちけいそくりょう》データが力を発揮してくれる。近年、一乗谷とその周辺の赤色立《せきしょくりっ》体地図《たいちず》が製作された（川越・石川二〇一八）。赤色立体地図は、樹木や人工的な工作物を除いて地形の起伏を精彩に表現でき、山城跡の調査にはとりわけ有用である。図3は一乗谷城跡の赤色立体地図である。平坦な部分は白っぽく、傾斜は赤黒い陰影で表現されている。縄張図や測量図を見慣れていなくても、城の輪郭を直感的に把握できるので、一般来訪者の視覚にも訴えやすい。

とはいえ、これだけでは城の遺構がどこまでかが判別できない。赤色立体地図や地形図をもとに現地を確認し、城郭遺構のみを表現したのが図4の縄張図である。ここでは平坦面（曲輪）の輪郭を実線で、複数の細い縦線（ケバ）で傾斜を表現している。以下、本図をもとに一乗谷城の防御の仕組みを読み解くことにしたい。

無数の竪堀

一乗谷城の遺構は、尾根筋の曲輪群と谷筋の曲輪群に大別される。まずは尾根筋の曲輪群からみていこう。

尾根筋の曲輪群は、標高約四七五メートルの三の丸跡を最高所とし、北西方向に二の丸跡、一の丸跡と続く。ちなみに、ここでの曲輪の名称は、近世の地誌や絵図、伝承などに基づいており、戦

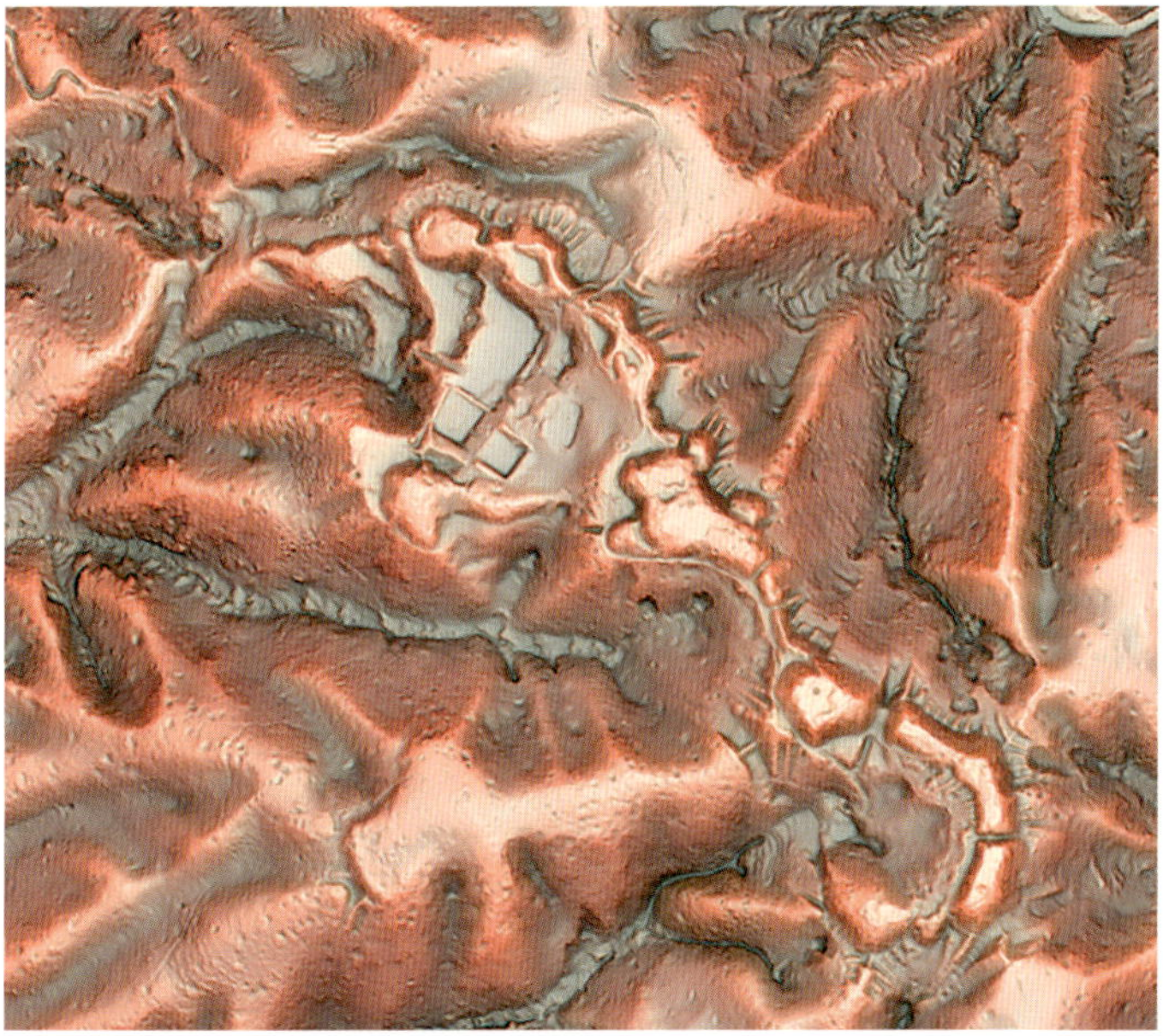

図3●一乗谷城跡赤色立体地図

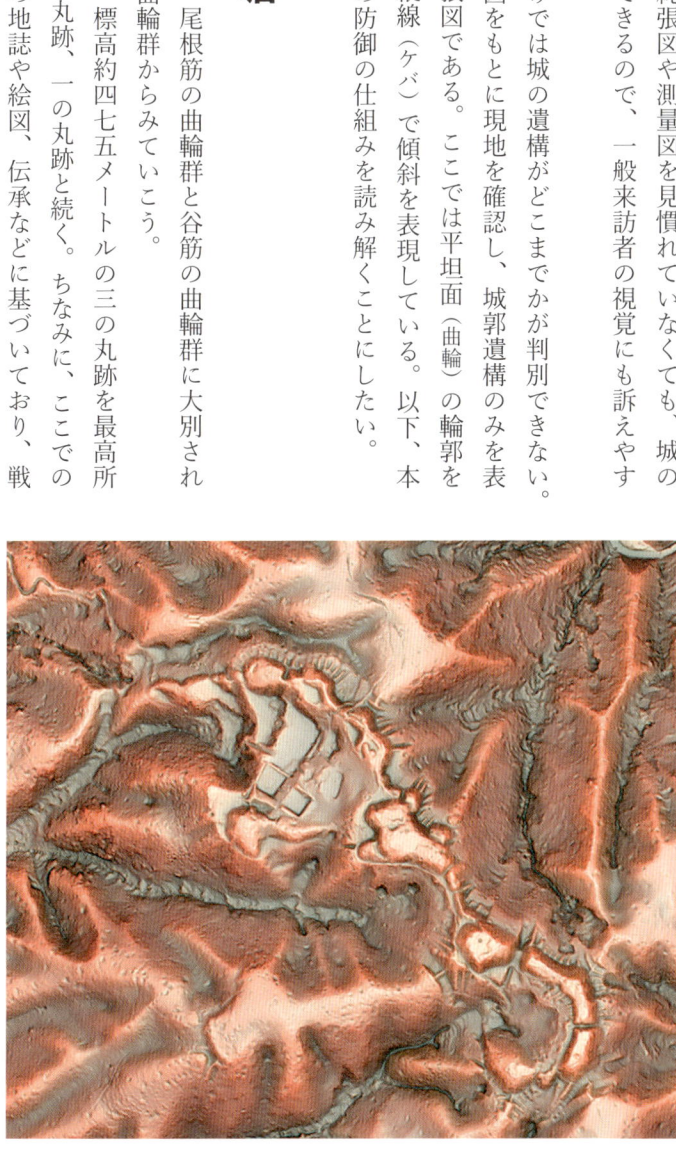

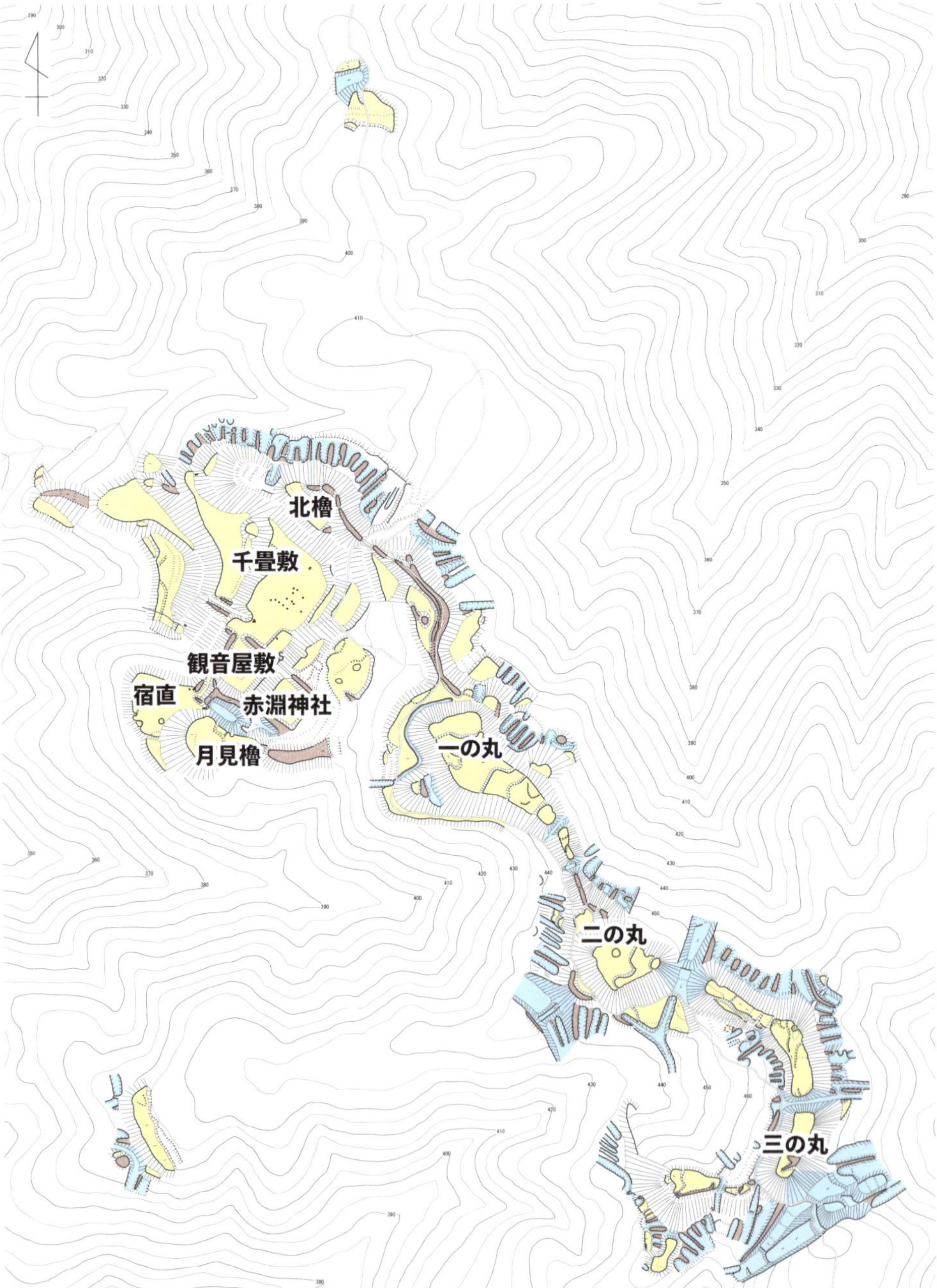

図4 ●一乗谷城跡縄張図　作図：新谷和之

国時代にどう呼ばれていたかはわからない。したがって、名称と曲輪の機能とはひとまず切り離して考えるべきである。

それぞれの曲輪群は、無数の空堀《からぼり》によって防御されている。城の堀といえば、福井城（福井市）にあるような水を張った堀をイメージしがちであるが、中世の山城では水の入っていない空堀が一般的である。

空堀には、斜面に沿って竪に掘り込まれる竪堀《たてぼり》、尾根筋を分断する堀切《ほりきり》、曲輪の縁を取り巻く横堀《よこぼり》の三種類がある。一乗谷城では、このうち竪堀が多く用いられていることがよく知られている。たとえば、三の丸跡の東面には竪堀が連続して配置され、竪堀の間には土塁が設けられている。このような防御施設を、畝状《うねじょう》空堀群と呼んでいる。竪堀間の土塁が連続する様が畑の畝のようにみえることから、その名が付いた。

畝状空堀群を最も見学しやすいのが、北櫓《きたやぐら》跡の北側斜面下である。ここでは短い竪堀が二〇本以上連続して配置され、間に土塁が設けられている（図5）。個々の竪堀は幅が二〜四メートル程度で、近世城郭の水堀《みずぼり》に比べて圧倒的に狭い。こんな小さな堀が何の役に立つのか、と疑問をもたれることだろう。

竪堀は、敵が斜面上を横に移動するのを防ぐ施設である。障害物競走のハードルを思い浮かべていただくとよいだろう。堀底は今は埋もれているが、かつてはV字状に深く掘り込まれていて、容易に横断できなかったものと思われる。このような形の堀を薬研堀《やげんぼり》という。堀底が、薬種《やくしゅ》をひいて粉末にする薬研の形に似ていることからそう呼ばれている。間の土塁も、かつてはもっと高さがあったことだろう。このようにみると、北櫓跡の下は凹凸が連続し、容易に敵を寄せ付けない構えになっていたことがうかがえる。

北櫓跡の下は、もともと傾斜がゆるやかな箇所であった。北の尾根筋からこの部分を西に

図5●北櫓跡下の畝状空堀群

回り込んでいくと、谷筋の曲輪群へ容易にたどり着ける。谷筋の曲輪群は、後述するように一乗谷城における居住の中心とみられ、敵の侵入を警戒しなければならない箇所だった。北櫓跡下の畝状空堀群は、北尾根からの侵攻に備えたものと捉えられる。

攻め手の側は、この備えにどう対処するのか。竪堀を一つずつ越えていくという選択肢もなくはないが、まごついている間に北櫓跡から攻撃を受けることになるだろう。この方面からの侵攻はあきらめて、別の侵入路を探るのが賢明な判断である。つまり、畝状空堀群は、傾斜が緩やかな部分を敵に利用させせないようにする工夫だったのである。

尾根筋の曲輪群同士の連携

竪堀の多さに目を奪われがちだが、一乗谷城には他にも見所がたくさんある。堀切では、三の丸跡の南側のものが最も幅が広い。これは、城域の南を画する防御ラインともなっている。このほか、二の丸跡の西方の堀切は非常に深く掘り込まれており、圧巻である。この堀切は中央に土橋《どばし》を設けているが、東側の堀肩の傾斜が大きく、上の曲輪には土塁をめぐらしており、容易に行き来できない（図6）。

堀切は城の境だけでなく、曲輪群の間の尾根筋にも設けられている。特に、二の丸跡と三の丸跡の間の堀切は規模が大きく、南側は竪堀と接続してY字状をなしている。各曲輪群の独立性の高さがここからうかがえる。

このほか、一の丸跡の北西斜面下には、S字状の掘り込みがみられる。これは、曲輪の縁をめぐっていることから、横堀の一種と捉えられる。この横堀は、後述する谷筋の曲輪群の方面に向けて構築されている。このように、一乗谷城では三種の空堀をすべてみることがで

図6●二の丸跡西方の堀切

きる。土づくりの山城の教科書的な事例といえよう。

なお、尾根筋の曲輪群はいずれも急峻な斜面上に営まれている。これらは人工的に削り出された急傾斜で、切岸《きりぎし》という。切岸は、赤色立体地図では赤黒い陰影で表現されており、容易に判別できる（図3）。切岸は、土づくりの山城では最も基本的な防御施設で、敵の侵入を防ぐ効果がおおいに期待できる。切岸がしっかりしていれば、空堀がなくてもある程度の防御は可能である。

現在、尾根筋の登山道は、これらの切岸の直下を縫うようにめぐっている（三の丸跡のみ曲輪面に登山道が通じている）。そのため、登山道をそのまま歩いていくと、曲輪群の存在にほとんど気が付かない。各曲輪群へは切岸を登って入るほかなく、その急峻《きゅうしゅん》さを身をもって知ることになるだろう。

この登山道は、空堀を一部分断する格好で敷設されていることから、当時の登城路とは考えにくい。各曲輪群の間に堀切が設けられていることも考慮すると、尾根上の行き来はもともとなかったのではないだろうか。つまり、戦闘時にはそれぞれの曲輪群が独立して機能し、相互の連携はあまり重視されなかったとみられる。

谷筋の曲輪群の性格

続いて、谷筋の曲輪群について紹介しよう。前記した北櫓跡と月見櫓《つきみやぐら》跡の間の谷筋に、平らに造成された区画がいくつかみられる。このうち最大の面積を誇るのが、千畳敷跡である。ここでは、建物の礎石《そせき》が列をなした状態で残存している（図7）。個々の礎石は規模が大きく、さぞ立派な建物が建っていたことだろう。恒常的に維持される建物が山上に営まれていたこ

図7●千畳敷跡

とがうかがえる。

千畳敷跡の南にある赤淵神社《あかぶちじんじゃ》跡・観音屋敷《かんのんやしき》跡は、土塁を伴う方形の区画である。赤淵神社は、朝倉氏のルーツである日下部《くさかべ》氏の氏神を祀る神社である。呼称が実態を必ずしも反映していないことは先述したが、観音屋敷跡の中央部には基《き》壇状《だんじょう》の高まりがみられ、何らかの宗教施設があった可能性は高い（図8）。礎石や笏谷石製《しゃくだにいしせい》の棟飾《むねかざ》りが確認でき、落城後四〇〇年以上経過しているとは思えないほど遺構の残りがよい。整備された麓の城下町域とは違った意味で、戦国時代にタイムスリップできる空間である。

西隅の宿直跡は、谷筋の曲輪に比べて造成が甘い。この一帯は樹木が切り払われ、麓の城下や福井平野まで一望できる。城が機能していた頃には木々がもっと少なく、あちらこちらから眺望が得られたことだろう。広域を見渡すことができる点は、山上に拠点を構えるメリットの一つといえる。

千畳敷跡の真下には不動明王《ふどうみょうおう》の石仏《せきぶつ》があり、その下から水が湧き出ている。これを不動清《ふどうしょう》水《ず》と呼んでいる（図9）。不動清水の方面から登山道を下ると、先述の馬出ルート・英林塚ルートへと通じる。この二つのルートは、他の尾根筋とは異なり、防御施設などで遮断されていない。山麓の居館や城下に通じるルートであり、敵方の侵攻をあまり想定していなかったのだろう。

谷筋の曲輪群は、先にみた尾根筋の曲輪群に比べて、一つひとつの曲輪が広く、造成もていねいである。礎石や棟飾りの存在から、恒常的に維持される立派な建物があったことは確実である。その反面、防御は比較的手薄である。北櫓跡と月見櫓跡に続く尾根筋は、谷筋の曲輪群を守る土塁の機能を果たしたと捉えられるが、山麓へ続くルート沿いには目立った防御施設はみられない。総じて谷筋の曲輪群は、防御性よりも居住性を優先したエリアと捉え

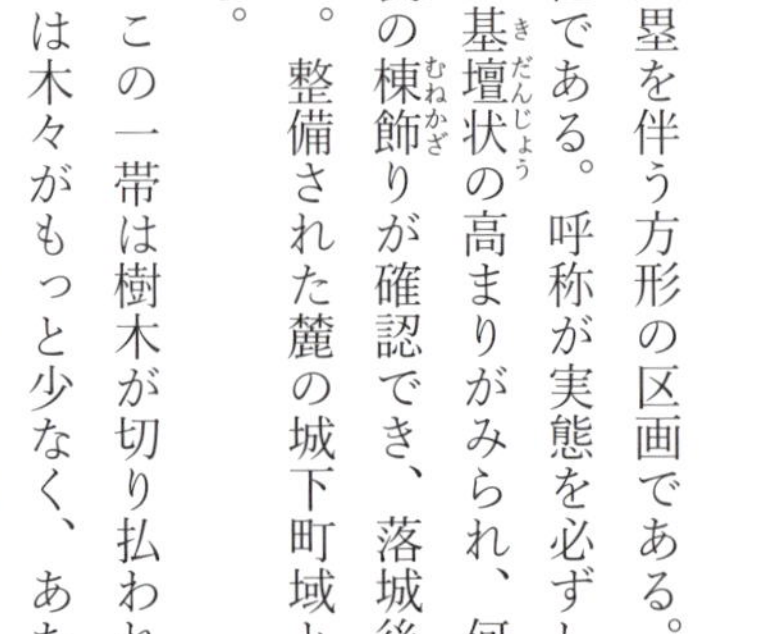

図8●観音屋敷跡

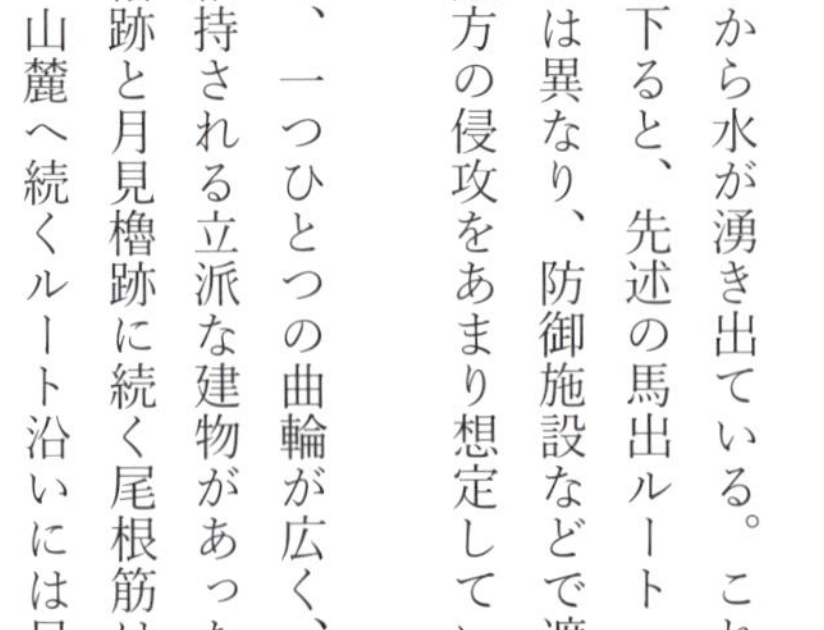

図9●不動清水

られよう。

一の丸跡から谷筋の曲輪群までの間は緩やかな傾斜地が広がり、曲輪の造成が及んでいない。両者の行き来がどのようになされたのかもはっきりせず、相互の連絡は希薄《きはく》である。尾根筋と谷筋では、曲輪群の成り立ちに違いがありそうである。

畝状空堀群の構築年代

これまで一乗谷城内の遺構の概要を紹介してきた。これを踏まえて、築城の目的や年代について考えてみたい。

一乗谷城の最大の特徴は、畝状空堀群の多さにある。畝状空堀群は城域の北から南にかけて広く分布するが、城下とは反対側の東面に多い。このことは、一乗谷城が麓の城下町域の防御も意識して整備された可能性を示している。一乗谷城は、麓の居館に対する詰城《つめじろ》であるとともに、都市一乗谷の防御壁でもあったのである。

一乗谷は、朝倉家景が当主をつとめた一五世紀前半には朝倉氏の拠点としてみえる（佐藤二〇〇二）。一乗谷城は先述の通り、麓の都市域と密接な関わりが想定できることから、長い歴史のなかでその姿を徐々に変えていったものと思われる。三の丸跡の西方では、堀切と曲輪の一部が畝状空堀群に侵食されるような格好となっており、堀切が畝状空堀群に先行してあった可能性が考えられる。畝状空堀群は、一乗谷城のなかでは比較的新しい防御施設であった（新谷二〇二一）。

図10●神宮寺城跡

従来、一乗谷城の畝状空堀群は、朝倉義景が織田信長《おだのぶなが》との対戦に備えて一五七〇年代に整備したと考えられていた（青木二〇〇三・南二〇一六・八巻一九八七など）。これに対して、佐伯哲《さえきてつ》也《や》氏は、朝倉氏が織田方との対戦時に他国で築いた城郭には畝状空堀群がみられないことから、一乗谷城の畝状空堀群は朝倉氏の最末期まで下らないのではないかとする。具体的には、加賀一向一揆《いっこういっき》との対戦が激化する弘治・永禄年間（一五五五～七〇）頃の構築とみている（佐伯二〇二〇・二〇二一）。この佐伯氏の見解は、私や中井均《なかいひとし》氏により支持され、定着しつつある（新谷二〇二一・中井二〇二三）。実際に加賀・越前国境域では、神宮寺《じんぐうじ》城（福井県あわら市）など畝状空堀群をもつ山城がいくつかみられ、朝倉氏の関与が想定されている（新谷二〇二三b）。

畝状空堀群は、分布に偏りがあるものの、全国の山城で使用が確認できる防御施設である。一六世紀中頃に普及し、織田信長や豊臣秀吉《とよとみひでよし》の影響下で築城が進む一六世紀後半にはあまり使用されなくなると考えられている（一六世紀後半に畝状空堀群を築く地域もある）。このような傾向を踏まえると、一乗谷城の畝状空堀群についても、朝倉氏の最末期の遺構とみる必要はなかろう。一乗谷城自体は、朝倉氏の滅亡前後まで機能していたとみられるが、現状の構造が整えられたのはそれよりも前だろう。

朝倉氏の築城指南書である『築城記《ちくじょうき》』には、「山城には竪堀を掘るのがよい」と記されている。『築城記』は永禄八年（一五六五）の年紀をもつことから、少なくとも一六世紀中頃には朝倉氏が竪堀の必要性を認識していたことがうかがえる。竪堀＝畝状空堀群と即座に判断はできないものの、朝倉氏の竪堀へのこだわりが一乗谷城の構造に反映されていることは確かだろう。

図11●織田信長画像　兵庫県立歴史博物館蔵

山城と山麓居館の関係

一乗谷城のなかで、谷筋の曲輪群が居住に対応した空間と捉えられることはすでに述べた。では、実際にどのような居住の実態があったのか。

一乗谷朝倉氏遺跡の調査が本格的に始まった頃には、山城はもっぱら平地の居館に対する詰城と捉えられていた。その後、戦国期の城郭・城下町の調査・研究が進んでいくと、山城が戦時に籠もるだけではなく、日常的な生活や政治の舞台ともなっていたことが知られるようになった。たとえば、近江六角氏の観音寺《かんのんじ》城（滋賀県近江八幡市・東近江市）は、一六世紀には当主や家臣の在城が確認でき、貴人のもてなしや訴訟裁定などが行われている（新谷二〇一八・二〇二三a）。同様の事例は、能登《のと》畠山《はたけやま》氏の七尾《ななお》城（石川県七尾市）や安芸毛利《あきもうり》氏の吉田《よしだ》郡《こおり》山《やま》城（広島県安芸高田市）など枚挙に暇がない。このように政治と軍事が一体化した本格的な居城は、戦国期拠点城郭と呼ばれている（千田二〇〇〇）。

一乗谷の場合、朝倉氏の当主や家臣が山上に居住していたことを明確に示す史料は今のところ確認されていない。裁判時に一乗谷を訪れる行為は史料上「出谷」とみえ、城よりも一乗谷そのものが朝倉氏の公的空間とみなされていたようである（本書石川論文）。居館跡の発掘調査で濃厚な生活痕がみられることからも、朝倉氏の居住の中心は山麓にあったと考えられる。

ただし、拠点機能の一部が山上にあった可能性は残る。信長の岐阜《ぎふ》城（岐阜市）では、山麓の居館で公的なもてなしが行われ、私的な居住スペースや人質のいる山上へのアクセスは厳しく制限された（千田二〇一三・大下二〇一五）。観音寺城でも、高石垣に囲まれた区画（伝御屋形）が山麓に存在する。今後、一乗谷城内で発掘調査が行われれば、存続時期や機能の解明

図12● 岐阜城山麓居館の出入口

が進み、一乗谷全体のなかでの位置づけが明確になるだろう。

城と聖地

一乗谷城の谷筋の曲輪群は、空堀を数多く配置した尾根筋の曲輪群に比べて防御が手薄である。戦国期の山城は、山頂や尾根筋を中心に曲輪を配置するものが多い。谷筋に曲輪を配置した場合、尾根上から見下ろされる格好となり、防御上不利だからである。その意味では、谷筋の曲輪群は、一乗谷城のなかでは「城らしくない」部分といえるかもしれない。

谷筋に曲輪を配置した城としては、前出の観音寺城と美濃の大桑《おおが》城（岐阜県山県市）がよく知られている。観音寺城はその名の通り、観音寺の寺坊をベースに城として改修したことが明らかである。近江国内では、一五世紀前半頃までは天台宗《てんだいしゅう》の勢力が強く、直線道路沿いに平坦地を段々に配置した山寺が数多く営まれた。観音寺城における無数の雛壇《ひなだん》状削平地は、先行する観音寺の寺坊跡をほぼそのまま踏襲したものと考えられる（図15）。六角氏が観音寺の空間構造を大きく改変しなかったのは、これらの削平地が家臣の屋敷などにそのまま転用できると判断したからだろう。

大桑城は、一六世紀中頃における美濃国守護土岐《とき》氏の居城である。直線道路沿いの曲輪群が谷筋に展開することから、観音寺城との類似性がこれまで注目されてきた。最近の発掘調査で、城に先行する遺構は検出されず、現状の構造は土岐氏の居城整備によるものであることがほぼ確実となった。大桑城が位置する古城山は痩せ尾根が続き、岩盤が多く、尾根上にまとまったスペースを確保できないことから、谷筋に居住や駐屯のスペースを求めたのだろう。

図13●観音正寺の奥の院　観音城跡の城域に「聖地」が取り込まれた事例といえる　滋賀県近江八幡市

このように、谷筋の曲輪群は新規の築城でも採用されるケースがあり、寺院に限定されない。近年では、人が山に籠もる共通のパターンとみなされている（中西二〇〇四）。したがって、どのような意図で築かれたかは個別に判断する他ない。

一乗谷城の場合、赤淵神社跡や観音屋敷跡は朝倉氏にゆかりの宗教施設であった可能性が高い。ただし、千畳敷跡も含めて、谷筋全体が宗教施設であったか否かは不明である。そのため、谷筋の平面構造が、観音寺のように宗教施設に由来するのか、あるいは大桑のように山上での居住域の確保に適ったものなのか、現時点では結論を保留せざるをえない。

確実なのは、朝倉氏がゆかりの宗教施設を含めて本拠の整備を進めたことである。近年、城と聖地の関わりに注目が集まりつつある（齋藤二〇二一など）。そこでは、観音寺城のように寺院を城塞化するだけではなく、磐座《いわくら》や滝、樹木などの信仰の対象が城内に存在したことにも目が向けられている。城郭の立地は、地形や交通路との関わりなど軍事上の観点から説明されることが多いが、こう

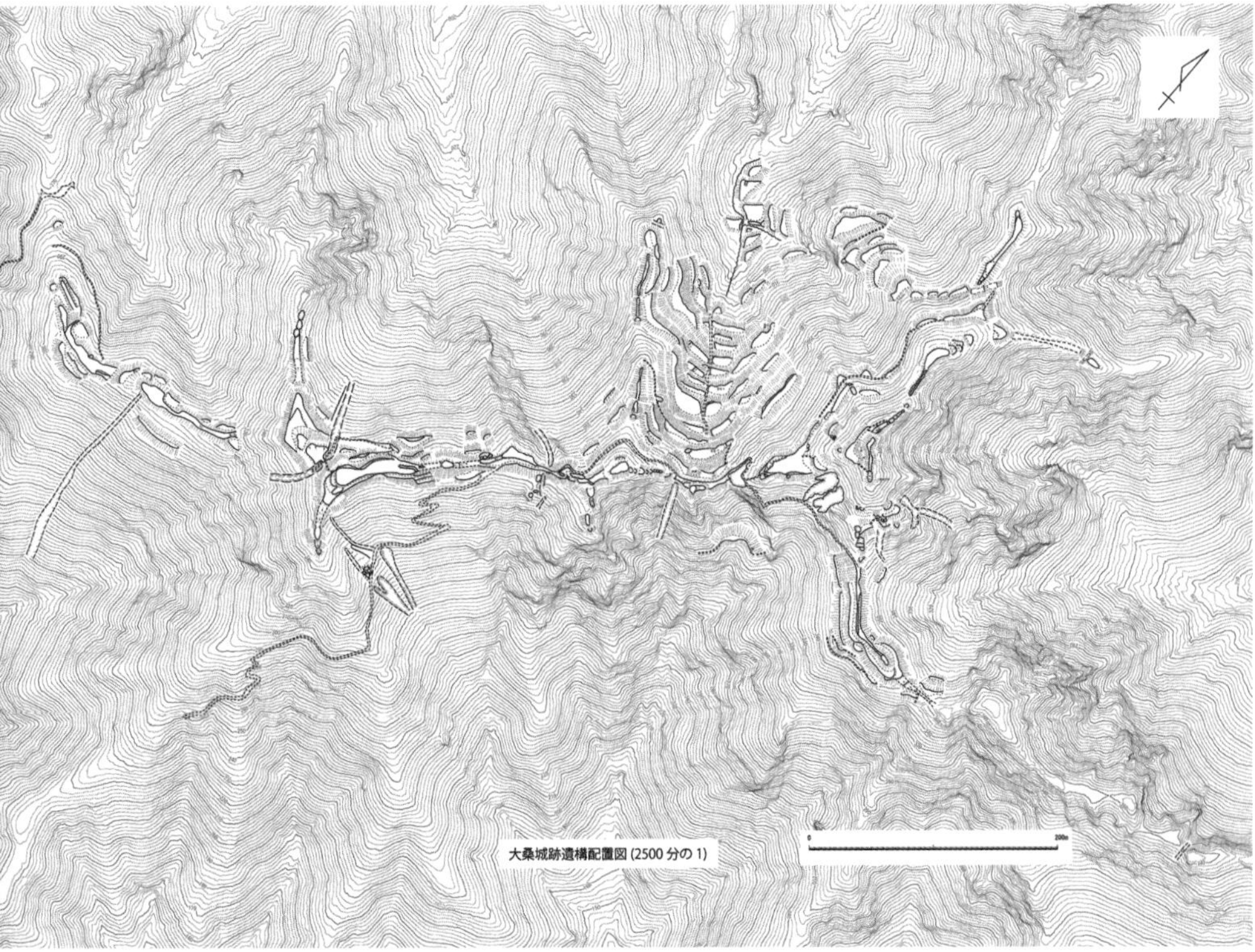

図14●大桑城跡遺構配置図　作図：山県市教育委員会

織山　観音正寺（観音寺城）

踏査：藤岡　英礼(2006年4月9日・22日・30日・5月5日・6日・28日・6月3日)
作図：藤岡　英礼（村田修三氏『五個荘町史』1992年所収図面を下敷きに、加筆・修正、再トレース）

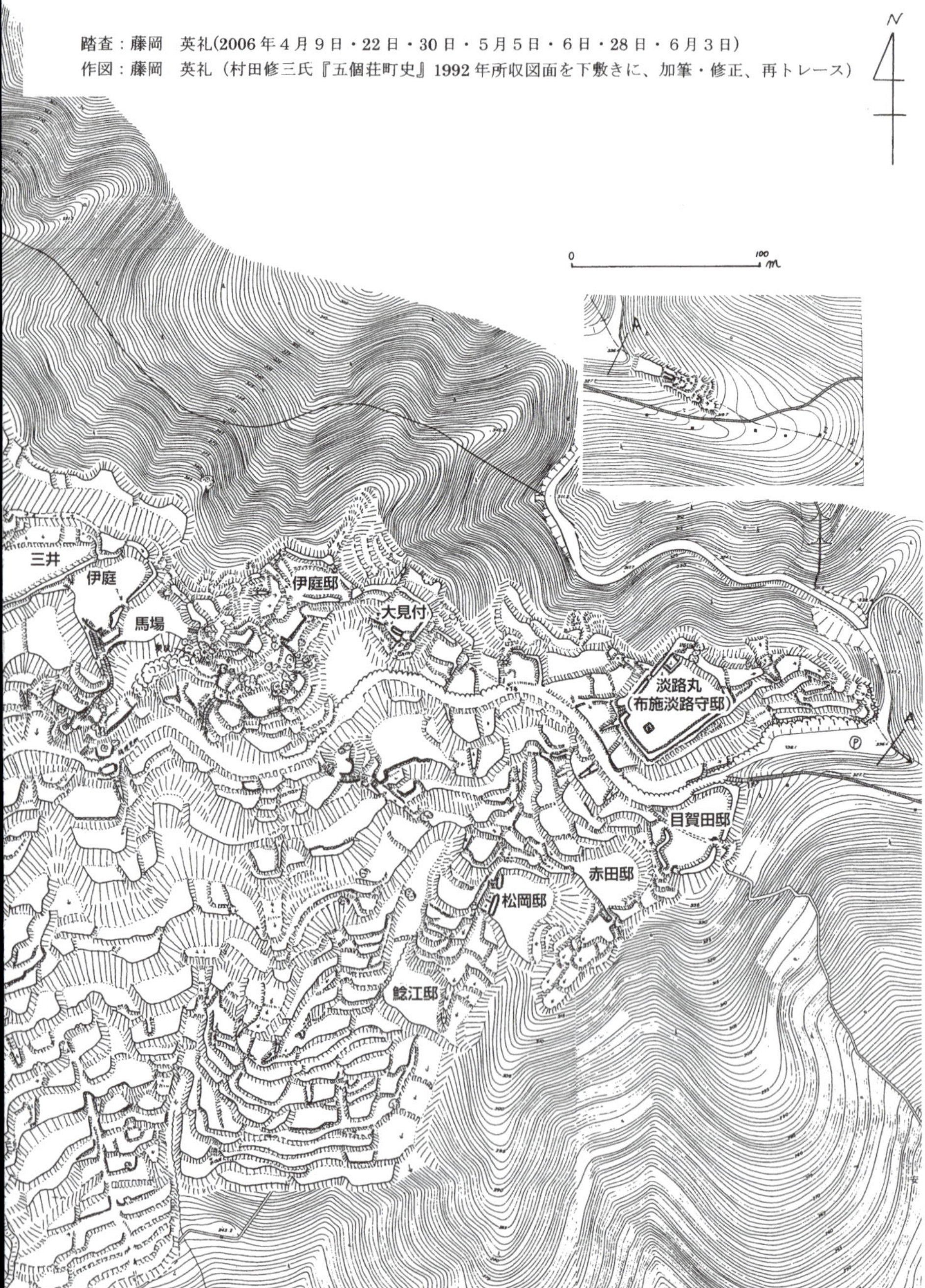

図15● 観音寺城縄張図

澤田邸
蒲生
檜崎
三国丸
永原邸
小梅
伊藤
松吉
和田
佐野
高宮
三雲
馬渕
長束
伝本城
（本丸）
三井
伝平井丸
上御用屋敷
観音正寺
後藤
但馬守邸
木村
伝池田屋敷
山崎
大石垣

した聖地との関わりも考慮に入れる必要がある。一乗谷城に関しては、宗教施設の造営が城の整備に先行した可能性も考えられる。

土の城の魅力を凝縮した名城

以上のように、一乗谷城は自然の地形を活かしつつ、多様な防御施設を配置しており、敵の侵攻を食い止めるさまざまな仕組みがみられる。また、谷筋の曲輪群では立派な建物の痕跡が地表面で観察でき、一定の居住に対応できる城であったこともわかる。朝倉氏の信仰と築城との関わりもうかがえ、様々な観点から評価できる山城である。登るのはしんどいが、見事な遺構を目の当たりにすれば疲れも吹き飛ぶことだろう。麓の城下町域と合わせて見学されることをお薦めしたい。

【参考文献】

青木豊昭「朝倉義景時代の山城―その縄張の特徴と意義」（松原信之編『朝倉義景のすべて』新人物往来社、二〇〇三年）
大下永「『言継卿記』に見る岐阜城と城下町」（『岐阜市歴史博物館研究紀要』二二、二〇一五年）
川越光洋・石川美咲「一乗谷朝倉氏遺跡における航空レーザ計測の報告1」（『一乗谷朝倉氏遺跡資料館紀要二〇一八』二〇二〇年）
齋藤慎一『中世東国の信仰と城館』（高志書院、二〇二一年）
佐伯哲也『越前中世城郭図面集』II（桂書房、二〇二〇年）
佐伯哲也『朝倉氏の城郭と合戦』（図説日本の城郭シリーズ15、戎光祥出版、二〇二一年）
佐藤圭「朝倉氏の盛衰と一乗谷」（水野和雄・佐藤圭編『戦国大名朝倉氏と一乗谷』高志書院、二〇〇二年）
新谷和之『戦国期六角氏権力と地域社会』（思文閣出版、二〇一八年）

新谷和之「越前国一乗谷周辺での山林用益―中世城郭廃絶後の土地利用をめぐって―」（『民俗文化』三一、二〇一九年）
新谷和之「一乗谷城の縄張構造」（『一乗谷朝倉氏遺跡資料館紀要二〇一九』二〇二一年）
新谷和之『図説 六角氏と観音寺城 〝巨大山城〟が語る激動の中世史』（戎光祥出版、二〇二三年a）
新谷和之「戦国期の加賀・越前国境域における朝倉氏の軍事行動と築城―越前国神宮寺城を中心に―」（『民俗文化』三五、二〇二三年b）
新谷和之「戦国期における武家拠点の展開」（『日本史研究』七三九、二〇二四年）
千田嘉博『織豊系城郭の形成』（東京大学出版会、二〇〇〇年）
千田嘉博『信長の城』（岩波新書、二〇一三年）
中井均「元亀三年の小谷城改修について」（『近江地方史研究』五〇、二〇二三年）
中西裕樹「城郭遺構論からみた山岳寺院利用の城郭―戦国期城郭における削平地の配置場所―」（『城館史料学』二、二〇〇四年）
南洋一郎『一乗谷城の基礎的研究～中世山城の構造と変遷～』（私家版、二〇一六年）
八巻孝夫「一乗谷城」（村田修三編『図説 中世城郭事典』二、新人物往来社、一九八七年）
山口充・佐伯哲也編『北陸の名城を歩く 福井編』（吉川弘文館、二〇二二年）
『戦国城下町一乗谷の都市構造解明―公的空間に着目して― 事業報告書』（福井県立一乗谷朝倉氏遺跡資料館、二〇二二年）
『福井県立一乗谷朝倉氏遺跡博物館 ガイドブック』（福井県立一乗谷朝倉氏遺跡博物館、二〇二二年）

〈付記〉本稿は、JSPS科研費JP22K13209の交付を受けた研究成果の一部である。

一乗谷の庭園文化

藤田若菜

戦国時代になぜ庭園？

見出しは、私自身がかつて抱いた疑問である。戦国時代といえば戦いが主軸で、文化は脇役的な存在と思い込んでいた大学生のときの私は、「戦いばかりで荒んだ気持ちを癒すため、庭園を眺めることもあったのかな」と暢気《のんき》なことを想像してもいた。そのような癒しの時間が皆無だったとは今も思わないが、それ以上に重要な、朝倉《あさくら》氏をはじめとした戦国大名《せんごくだいみょう》の文化戦略があったことを知り、庭園の見え方は大きく変わった。

文化戦略や庭園の必要性を探るうえで最も重要なことは、「庭園だけを見ない」ことである。朝倉館跡庭園のように、建物と庭園が一体的に出土した事例をみるとよくわかるが（図1～3）、庭園があれば鑑賞向きの建物があり、庭園鑑賞とともに和歌《わか》を詠み、酒を酌み交わす交流がつきものであった。

庭園の個別のデザインのみに注目せず、周辺の遺構や当時の利用を勘案すると、庭園を通じて戦国時代の暮らしや価値観を探ることは可能であり、その先に庭園の必要性が見えてくるのである。

図1● 朝倉館跡庭園の池庭（小座敷側から）

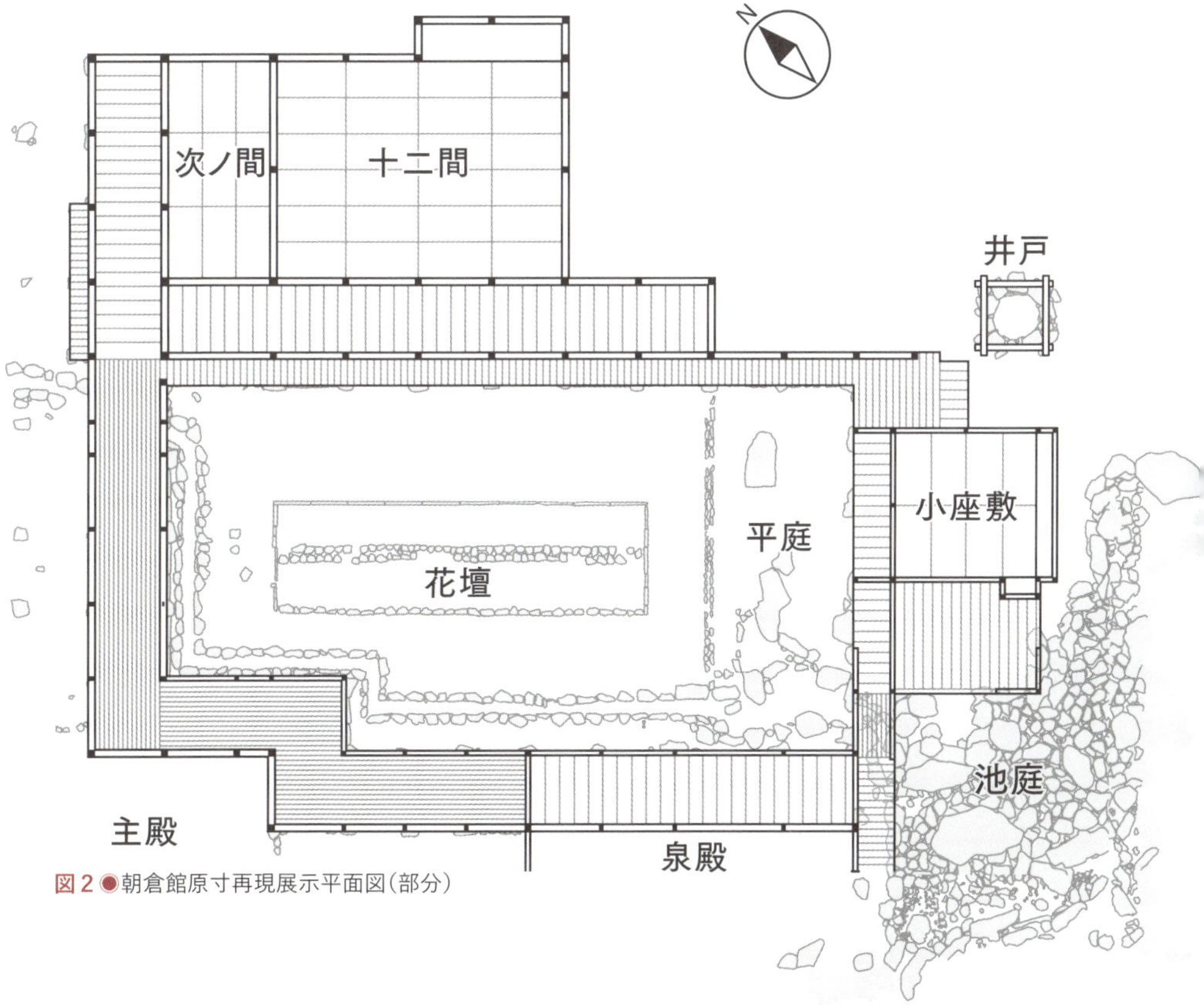

図2◉朝倉館原寸再現展示平面図(部分)

図3◉朝倉館跡庭園の池庭・平庭・花壇(上空から)

庭園をめぐる戦国人

戦国大名は、国を治める大名たる教養を数多く身につける必要があり、都からの客人などを迎えての和歌《わか》・連歌会《れんがえ》などの交流の場において、日頃身に付けた教養を遺憾《いかん》なく発揮した。そうした交流は戦国大名にとって、ある意味では静かな戦いの一つでもあったと言えるだろう。つまり、当時の常識とされる作法や流行を知っているか、審査の時間でもあったのである。

そのような交流の舞台の一つが庭園であり、座敷や広縁をもつ建物が伴い、その座敷には中国や朝鮮製の高級な陶磁器《とうじき》が飾られる必要があり、その飾り方ひとつとっても、『君台観左《くんだいかんそ》右帳記《うちょうき》』をはじめとした足利将軍家の作法が定められるなど、常識知らずな飾り方は許容されなかった。

また、「犬追物《いぬおうもの》」のような大規模行事でもてなしをする場合には、作法はもちろん、犬ノ馬場という広大な広場が必要となり（図5・6）、七月七日の七夕には、犬追物とともに歩射《ぶしゃ》や蹴鞠《けまり》、和歌・連歌等の七種の行事が行われ、広場と広庭《ひろにわ》、庭園を含めた当主館全体の空間が一体的に使われた。さらに将軍の御成《おなり》においては、日中から翌日の朝に及ぶ長時間のもてなしを作法どおりに行い、贈答品《ぞうとうひん》も用意し、座敷を変えての饗応《きょうおう》に対応できる館の構造や空間も必要となった。

都人との交流は当主館《とうしゅやかた》のみならず、家臣屋敷でも繰り広げられたことが一乗谷《いちじょうだに》では文献《ぶんけん》史料《しりょう》・遺構《いこう》から推定でき、当主館には及ばないものの、客人を迎えられる空間等が整えられた。一乗谷において庭園遺構が出土した屋敷地の最小クラスは、医師の屋敷（約五二〇㎡）である（図4）。近辺の職人たちが溝で区画された町屋に暮らす一方、医師は別格で、庭園の背景となる土塀も備える屋敷に暮らしていた。

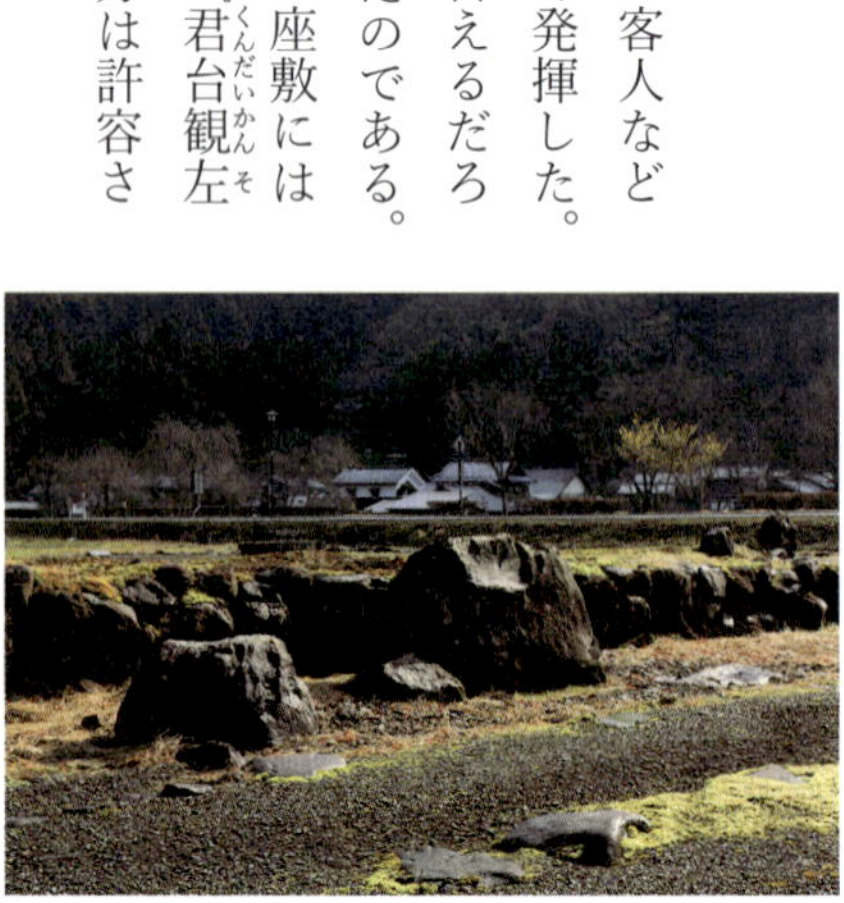

図4●医師の屋敷の庭園（主屋の座敷側から）

図5◉朝倉館跡全景

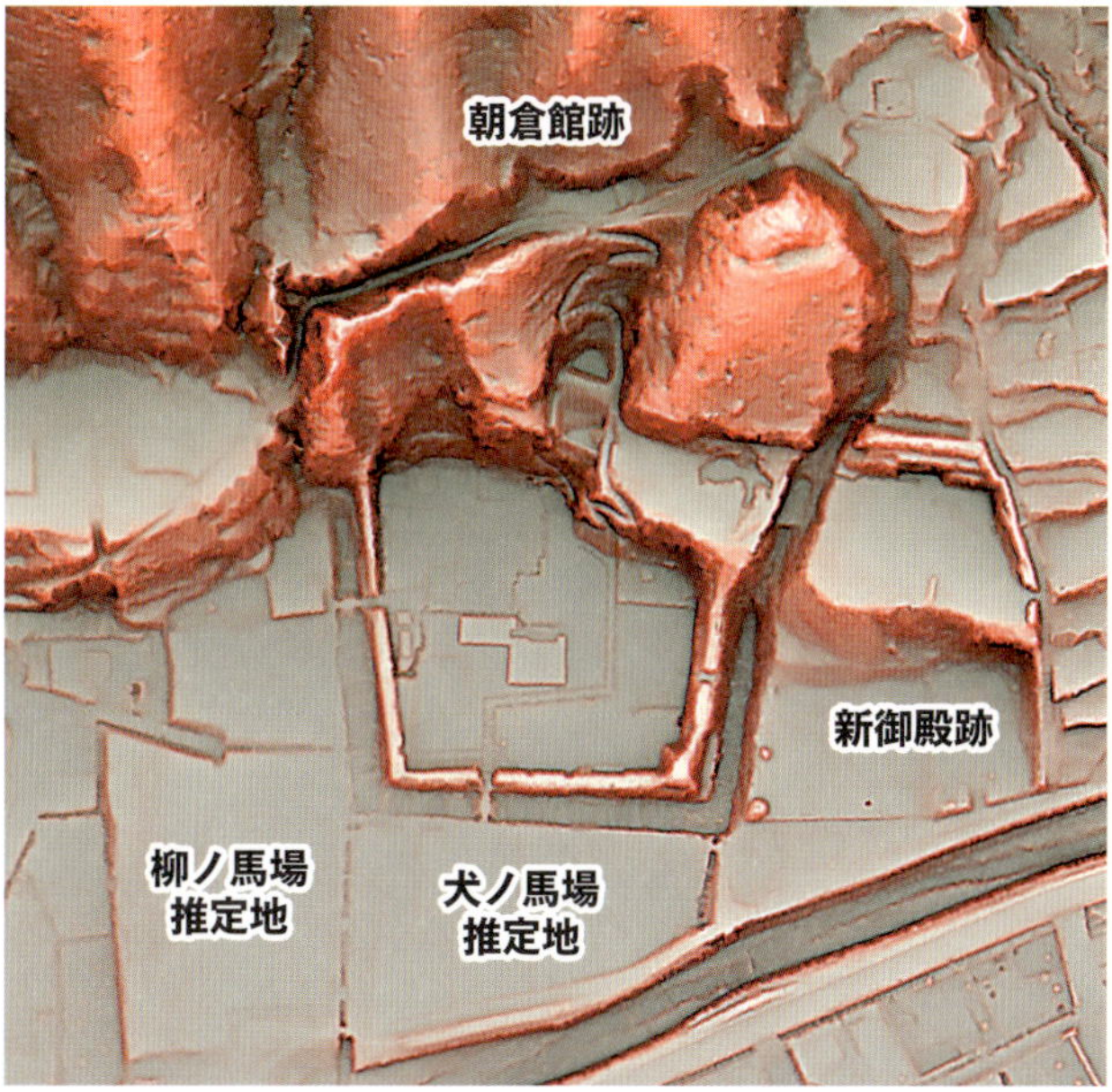

図6◉赤色立体地図（朝倉館跡）

「細かすぎて伝わりにくい」ところがおもしろい

ここまで戦国時代における庭園の必要性を中心に概説したが、発掘庭園《はっくつていえん》としては異例の保存状態として国宝《こくほう》級の文化財指定《ぶんかざいしてい》を受ける、一乗谷の庭園の巧みな構造やデザインについても紹介したい。

朝倉氏の四代・五代当主の館跡《やかたあと》と推定されているのが朝倉館跡《あさくらやかたあと》であり、発掘調査により一〇数棟《とう》の建物と四つの庭園（図3の池庭《いけにわ》・平庭《ひらにわ》・花壇と、湯殿《ゆどの》跡庭園）の存在が確認され、そのほかに発掘調査には到っていないが、主殿《しゅでん》の南に鞠庭《まりにわ》の存在が推定される。

朝倉館は平地部と高台に大きく分かれ、高台には湯殿跡庭園（池庭）が、平地部には山裾を背景とするもう一つの池庭を配し、池にそそぐ水は、山裾《やますそ》をつづら折れに下るダイナミックな水路から滝石組を経由して導水される（図7）。この導水路も発掘調査で出土したほぼそのままだから驚きである。発掘調査の前までこの池庭は全体が埋もれていたため、その存在はまったく知られていなかった。朝倉氏が滅亡してから約四五〇年の間に土砂崩れでも起こっていたら水路ごと崩落していたであろうが、実際には健全な状態で出土し、現在も導水路として使用できているのである。

しかも平成二十年（二〇〇八）には水路周辺の斜面の一部が大雨で崩落したが、その際にも水路自体は堅牢に保たれた。理由の一つとして、戦国時代に行われた戦略的な導水手法が考えられる。

実は斜面の一部には湧水が集まりやすい箇所があり、その箇所には斜面に自然石の石積が施されている（図8）。石積は斜面を堅牢《けんろう》にするとともに、石の隙間から湧水を逃がす。その湧水を受け止めるのが、水路の切石組《きりいしぐみ》であり、水路の他の箇所は自然石

図7●池庭の導水路（上空から）

を用いた石組であるのに対し、この場所だけは切石を使用して水をしっかり捕まえる構造としている。戦国人の地盤条件の読み解きがいかに巧みであったかがわかり、現代技術に頼って一辺倒の工事をしがちな私たちに学びを与えてくれる。

導水路と滝石組を経由して水が注がれる池の底には、青・黄・赤・白・黒の五色の石が要所に据えられている。あえて水深を浅く設定することで色彩を間近に楽しむことができ、また、池庭に張り出すように建物を建てることで、まるで池に浮かんでいるような心持で庭園をのぞむことができるつくりである。建物を支える柱の一部を池庭の護岸石に立てることで、池庭への張り出しを実現しており、池庭と一体的・計画的に建築が造作されたことがわかる。

また、池庭は二つの建物からのぞむことができ、二方向からの鑑賞を成立させる点も技術を要する。石の顔となる形や向きを厳選しており、建物の一つ「小座敷《こざしき》」からは滝石組や岩島を正面から見せ、もう一棟の「泉殿《いずみどの》」からは同じ岩島の別の顔つきと斜面の導水路を見せるつくりと思われる。限られた敷地において、それぞれに見どころを設けた巧みな作庭《さくてい》と評価される。また、池の小さい方の石を見ると、縞《しま》模様がついていることに気付く。これは一乗谷から約三〇キロメートル離れた海岸で産出する「安島石《あんとういし》」と呼ばれる海石《うみいし》で、庭石の大部分が一乗谷周辺の山で産出する寂《さ》

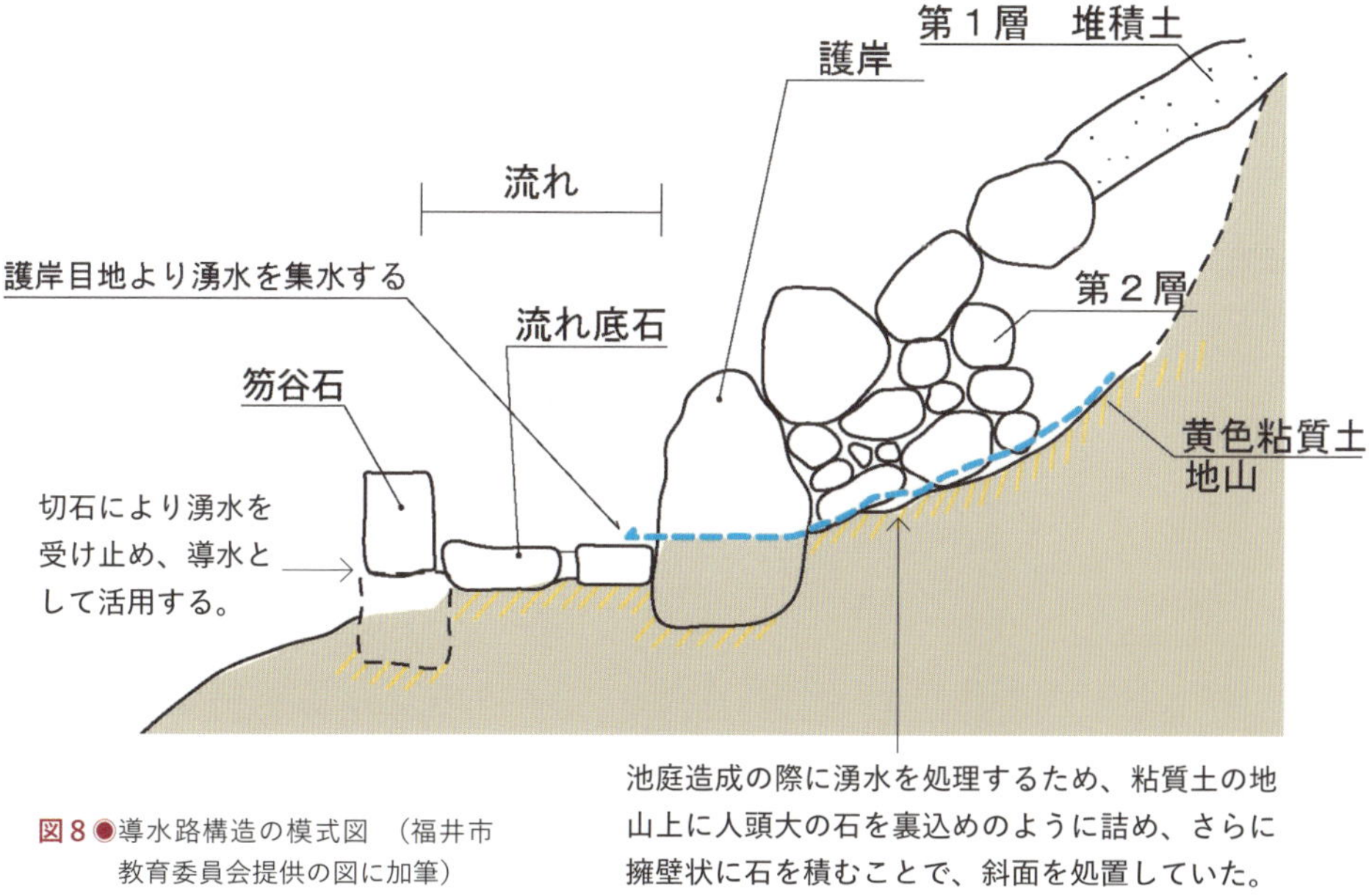
第１層　堆積土
護岸
流れ
護岸目地より湧水を集水する
第２層
流れ底石
笏谷石
黄色粘質土
地山
切石により湧水を
受け止め、導水と
して活用する。
池庭造成の際に湧水を処理するため、粘質土の地
山上に人頭大の石を裏込めのように詰め、さらに
擁壁状に石を積むことで、斜面を処置していた。

図８●導水路構造の模式図　（福井市教育委員会提供の図に加筆）

びた雰囲気の山石である一方、岩島以外にも屋外から建物に入るときに沓《くつ》を置く「沓《くつ》脱石《ぬぎいし》」など、目を引く要所に特別に用いられている。日本庭園の池は元をたどると海の表現であり、池庭に海で産出する石を用いるのは、伝統的な作庭の知識を知ってこその造作《ぞうさく》といえる。また、安島石《あんとういし》がとれる安島には、五代当主の義景《よしかげ》が参詣《さんけい》・崇拝《すうはい》した大湊神社《おおみなとじんじゃ》が建立《こんりゅう》されており、朝倉氏の信仰《しんこう》と縁《ゆかり》の深い岩石が選ばれていることも注目される。

先ほど紹介した小座敷は、実は平庭（枯山水《かれさんすい》のように水を張った池がない庭園）にも面している。小座敷の南面には池庭が、西面には平庭が配置されている。その平庭には、美しい緑色を呈する石がワンポイント的に用いられている。石の種類で言うと「緑泥片《りょくでいへん》岩《がん》」であり、当時の京の都《みやこ》で流行していたことが知られる（中村・尼﨑二〇〇一）。この石も一乗谷近辺では産出しない石で、越前《えちぜん》の国外から入手した可能性が高く、こだわりの一品といえる。

また、京の都では平庭につきものだったのが白川砂《しらかわずな》と呼ばれる花崗岩質《かこうがんしつ》の白い砂利で、現代の京都の寺院の枯山水などを想像してもらうと、一面の白砂利が思い起こされるのではないだろうか。朝倉氏はそのセオリーにも忠実であったらしく、庭園が確認された範囲でのみ、花崗岩質の白砂《はくさ》や白砂利が発掘調査で検出されている。こういった白砂等も近場でとれるものではなく、わざわざ一乗谷まで運搬されたらしい。

朝倉氏のこだわりはまだまだ終わらず、次に中庭の花壇に目を向けると、越前特産の笏谷石《しゃくだにいし》切石で縁取《ふちど》られた造形が確認できる（図9・10）。笏谷石は雨に濡れると青みがかった美しい緑色を呈する。花壇の花に水をやりながら、笏谷石にも水をかけて美しさを楽しんでいたのかも、と想像をかき立ててくれる。

図9●発掘調査で検出された花壇遺構と狭間石

また、花壇の四辺のうち、一辺だけは笏谷石切石ではなく自然石を用いているのは、おそらくは水はけを意図したものと推察される。自然石側だけに排水溝が取りつく点とも齟齬《そご》なく合理的である。さらに、笏谷石切石は花壇だけでなく、花壇をのぞむ主要な建物となる会所の狭《はざ》間石《まいし》（柱を支える礎石《そせき》と礎石の間の石）にも使われている。

さらにさらに、花壇と平庭の間に設けられた仕切塀《しきりべい》を境に、狭間石は切石から自然石へと変わるのである。これは、客人を迎えての饗宴《きょうえん》の主会場である会所の空間と、茶の湯などを楽しむ小座敷のような空間との区分けを意識した結果と考えられる。

細かすぎる、と思われるかもしれないが、そのような細部にこそ戦国時代の自然を読み解く力や価値観を見出すことができ、朝倉氏が滅亡してから大きな改変を受けずに現代までパックされてきた、一乗谷の庭園遺構だからこそ読み取れる構造・意匠なのである。

図10◉朝倉館原寸再現展示の花壇と狭間石

庭園が教えてくれる中世のルール

一乗谷では、これまでに一五箇所以上の庭園が発掘されており、それらを館・屋敷の主で分類すると、実は一定のルールが読み取れる。つまりは、前述の朝倉館をはじめとした朝倉氏の当主一族の館・寺院では池庭がつくられ、それ以外の家臣等の屋敷では平庭のみがつくられているのだ。

当時の京の都を描いた「洛中洛外図屏風《らくちゅうらくがいずびょうぶ》」を通じて、このルールのベースを見出すことができる（図11）。細川《ほそかわ》氏とその庶流にあたる典厩《てんきゅう》の邸宅の描写に注目すると、左側の細川邸には池庭、典厩邸には平庭が描かれ、そのほかの門などの外構や建物構造に至るまで、描写の差が見出されている（小野一九九九）。外構や門の構造などに差をつける考え方は一乗谷でも多々みられ、敷地規模に差がある家臣屋敷間や、家臣屋敷と町屋間で存在し、庭園のみならず屋敷の構えや構成に一定のルールがあったことがわかる。

また、一乗谷におけるこれまでの発掘調査により、一〇〇軒近くの町屋が確認されているが、庭園は一箇所も見つかっていない。以上のことから、戦国時代の庭園にはステータスシンボルとしての一面があり、誰しもが自由に庭をつくれた時代ではなかったと整理できる。

一乗谷の庭園へ出かけよう！

庭園は何といってもホンモノを現地で体感してこそで、とくに一乗谷の場合には現地の空気感や水の音、鳥の鳴き声など、自然の変化とともに楽しむことができる。戦国時代には限られた人たちだけが鑑賞を許された庭園だったが、現代は開かれた文化財として存分に楽しむことができる。また、一乗谷では昨年度より、朝倉館跡庭園を戦国時代の建物の位置から鑑賞できるガラス床を整備し、さらにスロープも設置し、車椅子利用者などのより多くの方々に庭園を訪れていただけるようになった。

一乗谷の庭園を訪れる際には、できればその前に（庭園を見た後にもう一回でも！）当館の朝倉館原寸再現展示を見学いただきたい。博物館でイメージを膨らませて遺跡現地を訪れれば、ホンモノの庭石に魅了されること間違いなしで、このような楽しみ方ができる庭園遺構は、全国探しても他にはないように思う。本稿では紹介しきれなかった湯殿跡庭園など、他の庭園遺構との違いや共通点を見つけながらの庭園めぐりもお勧めしたい。さぁ、次の休みには一乗谷への旅行計画を！　皆さんのお越しをお待ちしています。

【参考文献】

小野正敏「もう一つの武器、館と庭」（京都芸術短期大学／京都造形芸術大学日本庭園研究センター『庭園学講座VI日本庭園と石』、一九九九年）

中村一・尼﨑博正『風景をつくる』（昭和堂、二〇〇一年）

福井県立一乗谷朝倉氏遺跡博物館『戦国朝倉氏武威の煌めき 蹴鞠と庭が語る戦国』（二〇二四年）

福井市教育委員会『特別史跡一乗谷朝倉氏遺跡 特別名勝一乗谷朝倉氏庭園 朝倉館跡庭園修理報告書』（二〇一二年）

図11●紙本著色洛中洛外図屏風（歴博甲本）（部分）　国立歴史民俗博物館蔵

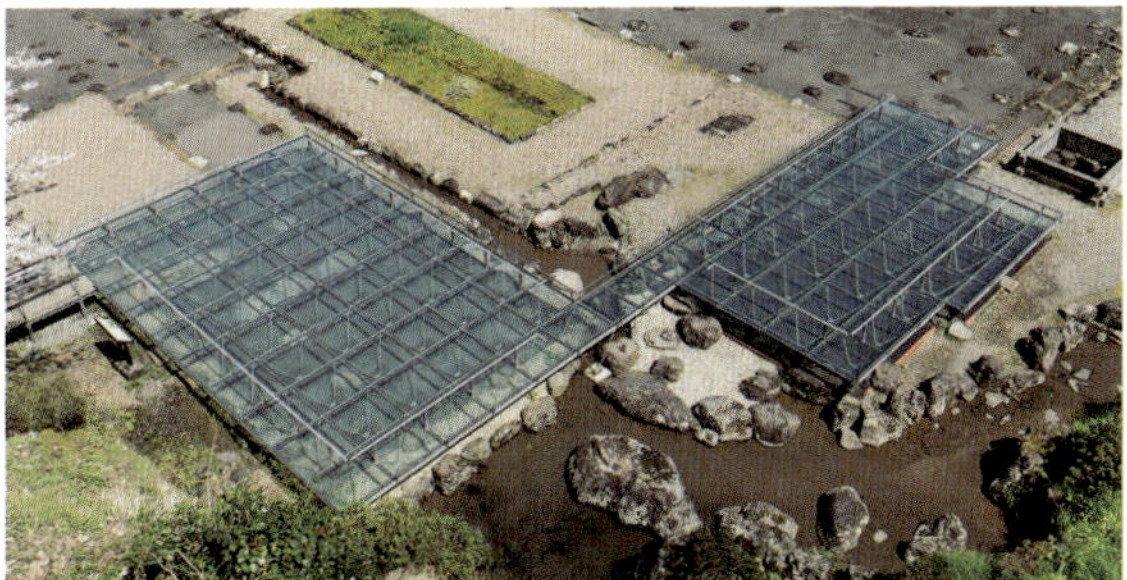

図12●ガラス床（令和6年時点）

三　戦国城下町一乗谷の食文化

渡邊英明

食文化を探る

戦国時代の人々は日常的に何を食べていたのか。五代当主朝倉義景《あさくらよしかげ》が足利義昭《あしかがよしあき》をもてなした際の酒宴《しゅえん》の献立《こんだて》は「義景亭御成之記録《よしかげていおなりのきろく》」などから知ることができるが、その献立は御成という非日常的な日の食事であり、義昭や義景、その家臣などのきわめて少数の人が食した酒宴料理の記録にすぎない。最盛期に一万人もの人々が暮らしていた一乗谷《いちじょうだに》で、当時どのような食生活が営まれていたのかは、古文書《こもんじょ》からだけでは知ることはできないのである。そこで、考古学《こうこがく》の分野では、遺跡《いせき》から見つかった動物遺存体《どうぶついぞんたい》（魚骨や獣骨、貝殻など、動物に由来する遺物）や土壌に含まれる寄生虫卵《きせいちゅうらん》などから当時の食生活を復元する試みがなされている。

ここでは、当遺跡から出土した動物遺存体を、朝倉館跡外濠《そとぼり》、武家屋敷跡、町屋跡の居住域ごとに紹介し、各居住域に暮らした人々の食生活について考察する。

朝倉館跡外濠

一乗谷朝倉氏遺跡で最も動物遺存体が見つかっているのは朝倉館跡の外濠である。朝倉館跡は朝倉当主の居館《きょかん》跡で、三方を幅八メートル、深さ四メートルの外濠と土塁《どるい》により区画さ

図1●朝倉館外濠写真

れている。朝倉館内から伸びる暗渠《あんきょ》の出口部分にあたる外濠（図1）の一部を昭和四十八年（一九七三）に発掘調査したところ、館内から排水とともに流れてきたと考えられる将棋駒《しょうぎごま》や木簡《もっかん》のほか、数多くの動物遺存体が濠下部の土層から見つかった。

同定（生物の種類を特定すること）された動物遺存体は三〇一点で、最も多いのはサザエやイガイ科、イワガキなどの海産の貝類である（図2）。その中で最も多く出土したサザエは、当時、魚介類の中ではきわめて安価な食材の一つであった（佐藤二〇〇五）。後述するとおり、町屋跡からも多数のサザエが出土しており、庶民に広く食べられていたことがうかがえる。一方で、サザエは御成の献立の一つにも登場し、朝倉館跡外濠からも数多く出土していることから、身分階級に関係なく食べられていた貝類であったと考えられる。

朝倉館跡の外濠からは海産魚類の骨も多く出土している。出土している魚類の中で最も多いマダイは、室町時代、全国的に他国の大名や将軍家への贈答品、酒宴料理などによく用いられるほど、武家社会で重要視された魚の一つである。当時のマダイの調理方法ははっきりとわかっていないが、南北朝時代以降に朝廷の食事や酒肴《しゅこう》の調達を担っていた京都の山科家やその家臣の日記では、マダイは主に「スイモノ」として調理されていたことが記録されている（橋本二〇一三）。「スイモノ」は、「魚介類や野菜を入れて、その吸い汁に重きを置いた汁物。古くは、飯のときの汁に対して、酒の肴にする場

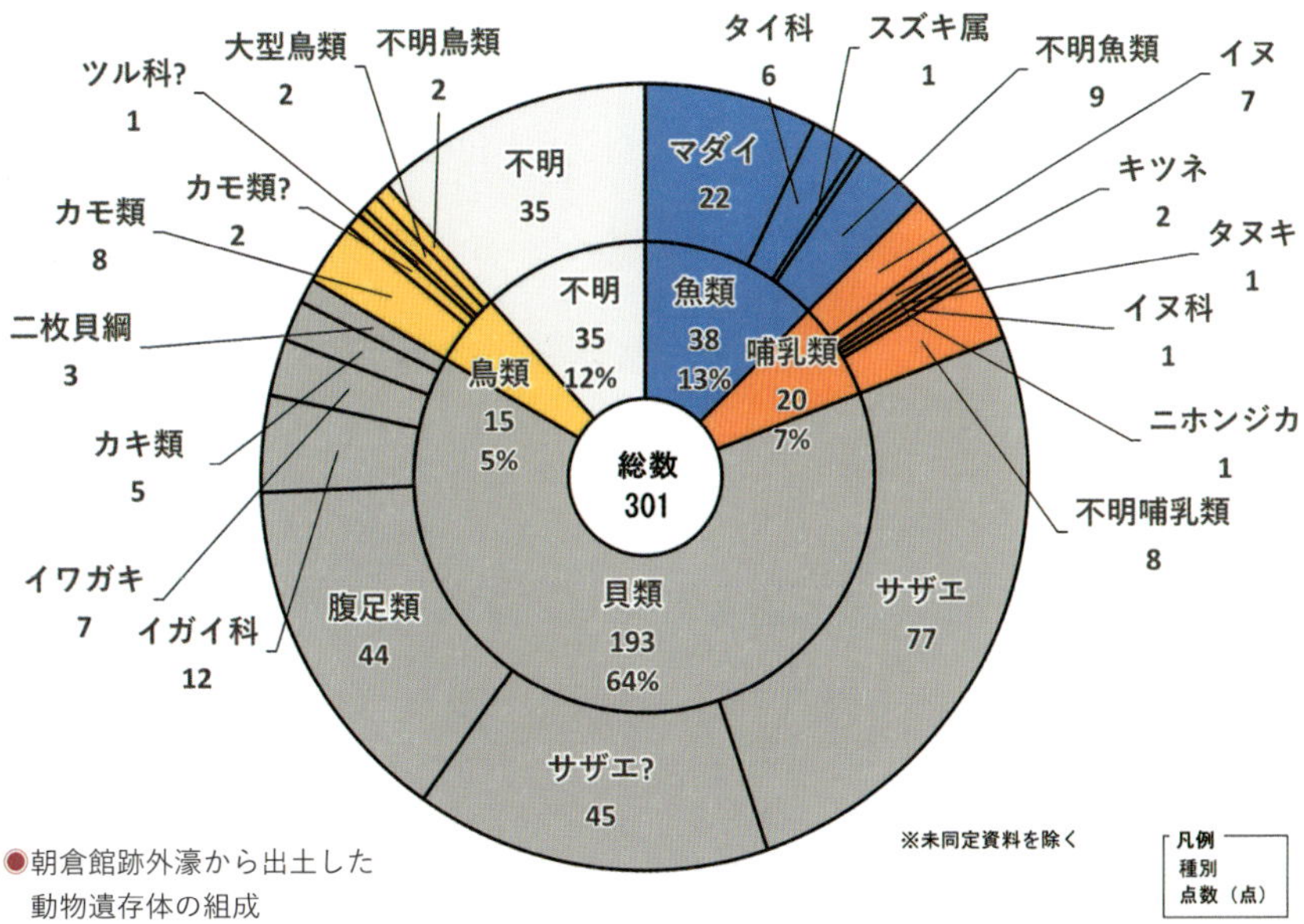

図2●朝倉館跡外濠から出土した動物遺存体の組成

合にいった。あつもの。」（北原二〇〇三）とされており、マダイは主に酒宴の席で食べられた魚であったと考えられる。マダイは煮込むと出汁がよく取れ、現代でも兜割《かぶとわ》りしたマダイの頭部がアラ汁などの料理によく使われている。戦国時代の人々もマダイの頭部を食材として用いた可能性があり、実際、当遺跡から出土したマダイの頭部の骨をていねいに観察すると、細分化する際についた包丁の刃痕《じんこん》がいくつも確認できる（図3）。

　貝類や魚類以外にも、朝倉館跡外濠からはイヌやキツネなどの哺乳《ほにゅう》類、カモ類などの鳥《ちょう》類の動物遺存体が見つかっている。これらの外濠から出土した動物遺存体の全てが食物残渣《しょくもつざんさ》（生ゴミや食べかす）として廃棄されたものとは限らない。しかし、食用以外の用途が考えにくい海産の貝《かい》類や魚《ぎょ》類が同じ土層から数多く出土していることから、その大半が食用であった可

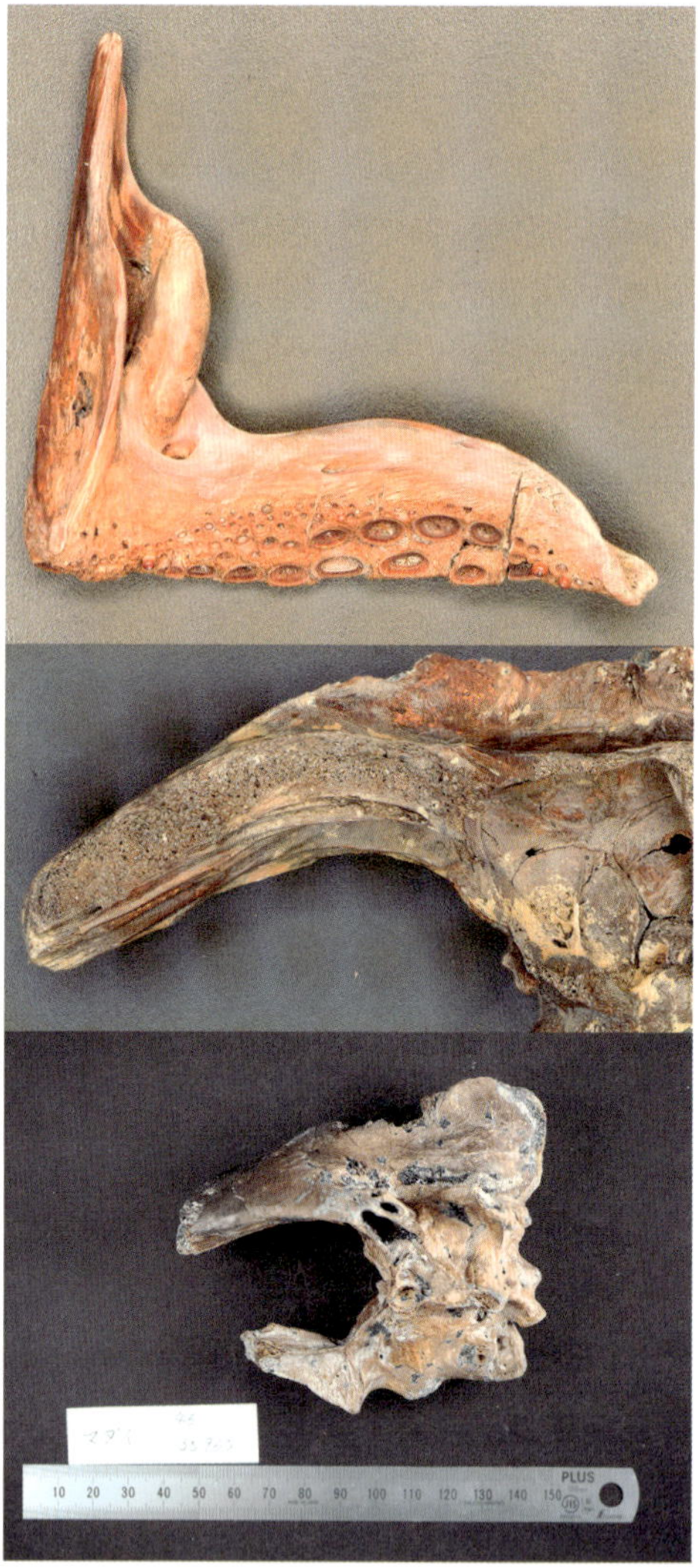

図3●刃痕が確認できるマダイの骨
（上：前上顎骨、中・下：頭骨）

能性も十分に考えられる。とくにカモ類は戦国時代に鷹狩《たかがり》の獲物として頻繁に捕獲されていた鳥類で、歴代の朝倉氏当主も鷹狩を頻繁に行っていた記録が残っている。鷹狩などで獲られた鳥類は酒宴の献立として提供され、ときには進上物として足利将軍家へも贈られていたと考えられる。

武家屋敷跡

一方、朝倉館跡以外の居住域からはどのような動物遺存体が出土しているのか。まず、間口三〇メートルを超える大規模な武家屋敷跡（五四次、五七次、八二次発掘調査区ほか。以下、大規模武家屋敷跡という。）であるが、これまで一〇四点の動物遺存体が同定されている（図4）。全体の九割が魚類で、そのうちマダイなどのタイ科が大部分を占める。大規模武家屋敷跡からマダイの骨が大量に出土していることから、朝倉当主だけでなく重臣の武家たちも酒宴の席などでマダイを頻繁に食べていたと考えられる。

マダイ以外で特筆すべき魚類としてタラがあげられる（図5）。一乗谷では、タラは大規模武家屋敷跡のみで見つかっており、五四次、八二次発掘調査《はっくつちょうさ》区からそれぞれ一点ずつ出土している。タラは江戸時代になると東北や北海道の沿岸で棒鱈《ぼうだら》として保存加工され、北前船《きたまえぶね》によって全国に広く流通する食材である（赤羽二〇一五）。しかし、文

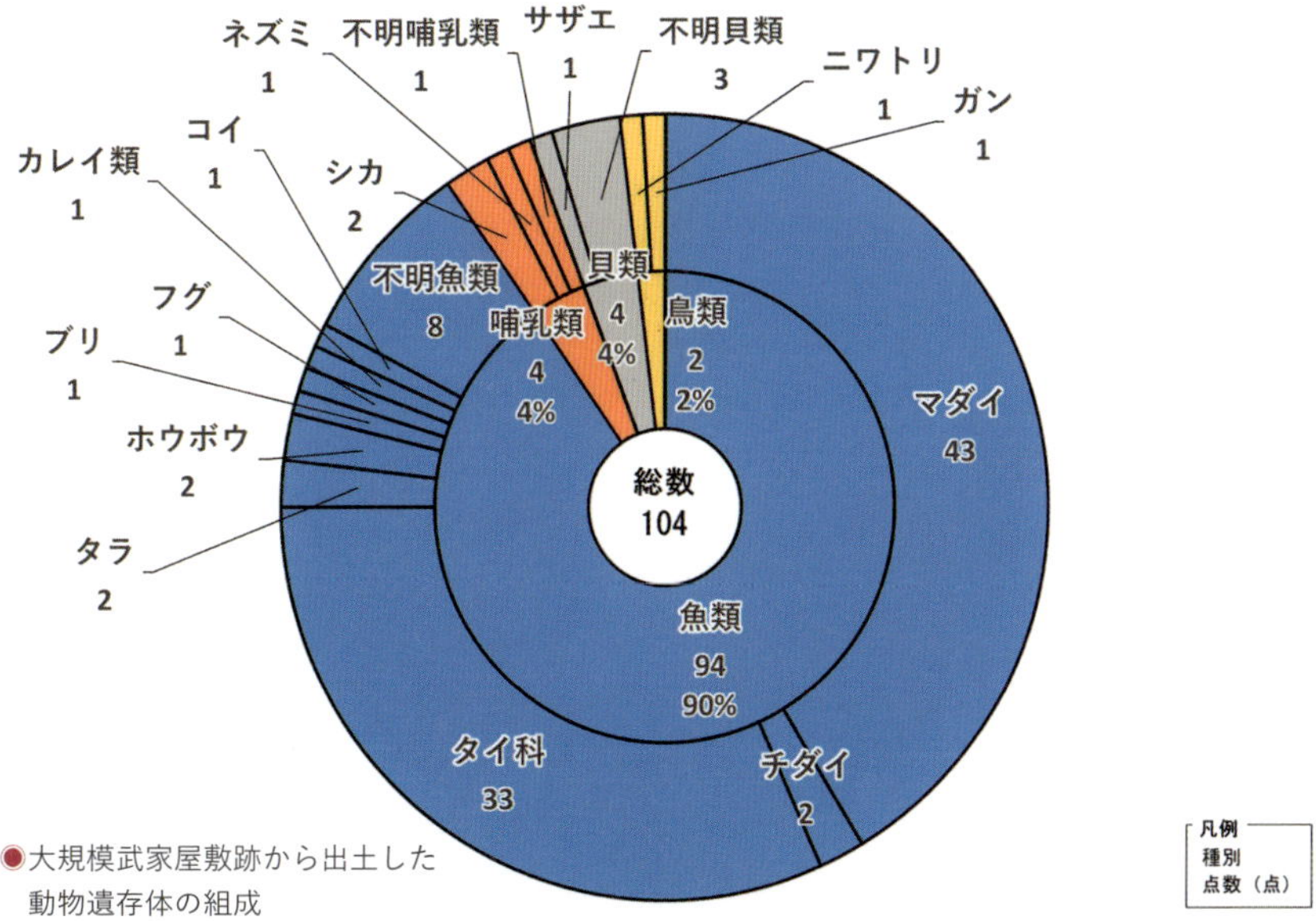

図4 ●大規模武家屋敷跡から出土した動物遺存体の組成

図5◉タラの骨

明十年（一四七八）には二代当主朝倉氏景が、天文八年（一五三九）には四代当主朝倉孝景が、それぞれタラを初物《はつもの》として将軍家に進上した記録が残っている（『蜷川親元《にながわちかもと》日記』・「越前へ書札案文《しょれいあんもん》」）。また、五代当主朝倉義景は毎年歳暮《せいぼ》として一〇〇本ものタラを敦賀川舟座から取り寄せていた（道川文書）。このことから、戦国時代にはすでに朝倉氏がタラを贈答品として重要視していたことがわかる。実際に大規模武家屋敷からタラが出土していることから、少なくとも朝倉氏の重臣たちもタラを食べていたと考えられる。大規模武家屋敷跡からはタイ、タラのほか、ホウボウ・ブリ・フグ・カレイ類などさまざまな海産魚類も出土している。

図6は規模が比較的小さい武家屋敷（四九次、七四・七五次発掘調査区ほか、以下、中・小規模武家屋敷跡という）から出土した動物遺存体の同定数である。魚類が六〇％と優占し、なかでもマダイが最も多い点は大規模武家屋敷跡と共通している。魚類ではマダイのほかホウボウも比較的多く出土しており、ブリ・ハタ類・スズキなども見つかっている。貝類では、サザエのほか、アワビやアカニシが一点ずつ出土している。アワビは朝倉氏の氏神《うじがみ》である赤淵大明神《あかぶちだいみょうじん》のご神体

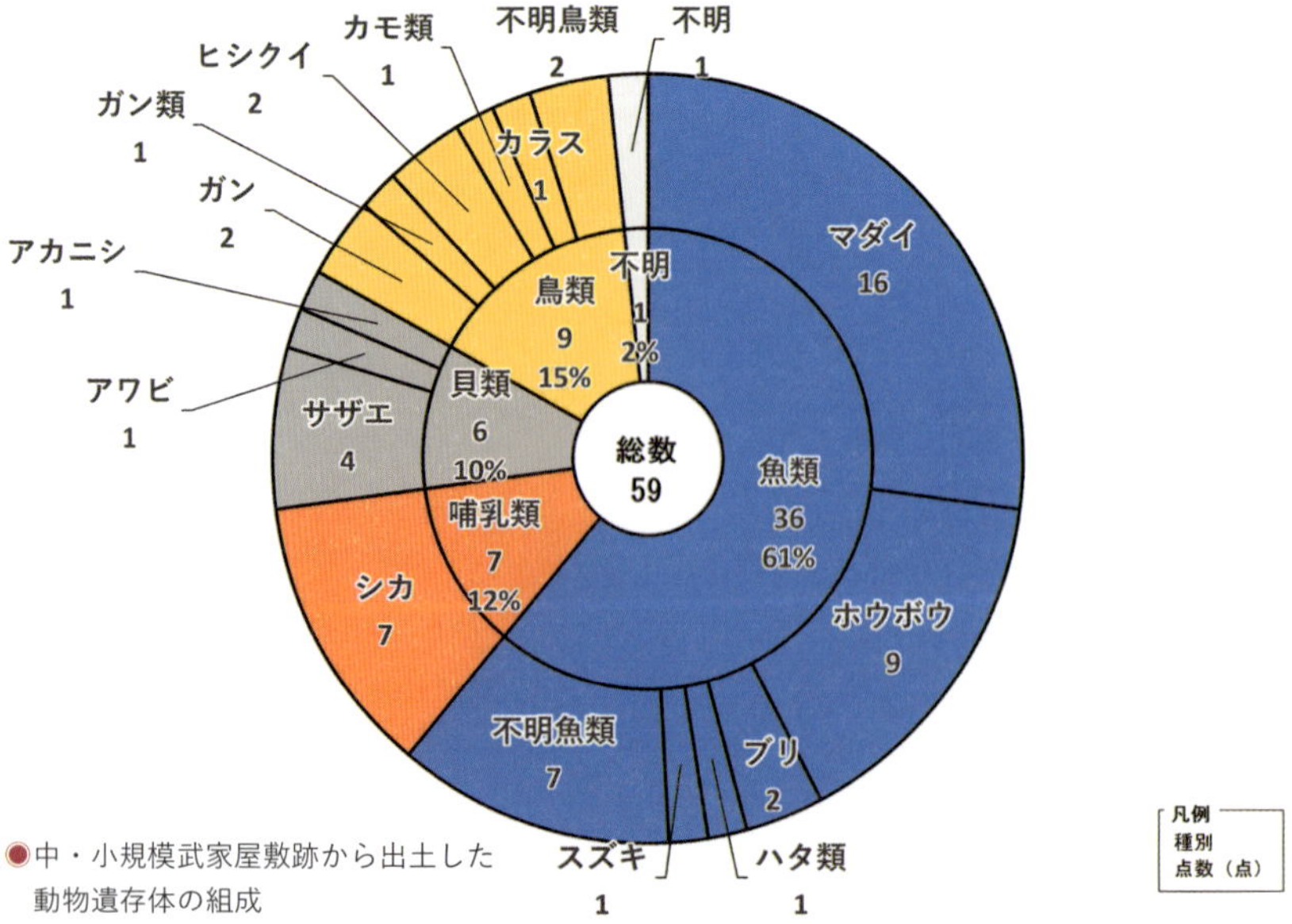

図6◉中・小規模武家屋敷跡から出土した動物遺存体の組成

であり、当主や重臣が暮らした朝倉館跡や大規模武家屋敷跡では出土していない。しかし、中・小規模武家屋敷跡と町屋跡からはそれぞれアワビが一点ずつ出土しており、身分階級によって信仰の度合いに違いがあったのかもしれない。

魚類や貝類以外では、狩猟の対象であった哺乳類（シカ）や鳥類（ガン・ヒシクイ・カモ類）も出土している。

町屋跡

図7は町屋跡（三六次発掘調査区の石積施設、四六次発掘調査区の石積施設・溝ほか。以下、町屋跡という）から出土した動物遺存体の同定数である。武家屋敷跡と明らかに組成が異なり、魚類の割合は少なく、代わりに貝類が全体の五割以上を占めている。

貝類では朝倉館跡外濠でも大量に見つかったサザエのほか、ハマグリ・コタマガイ・マガキ・アワビ・アカニシなどが出土している。朝倉館跡外濠と武家屋敷跡で数多く出土しているマダイは、町屋跡ではわずか二点のみであり、庶民はマダイを頻繁に食べていなかった可能性が考えられる。

鳥類では鷹狩の獲物となり得るヒシクイやガンのほか、現代でも主要な食肉であるニワトリの骨も出土している。

哺乳類ではシカやイヌのほか、海生哺乳類であるイルカ類（イルカ

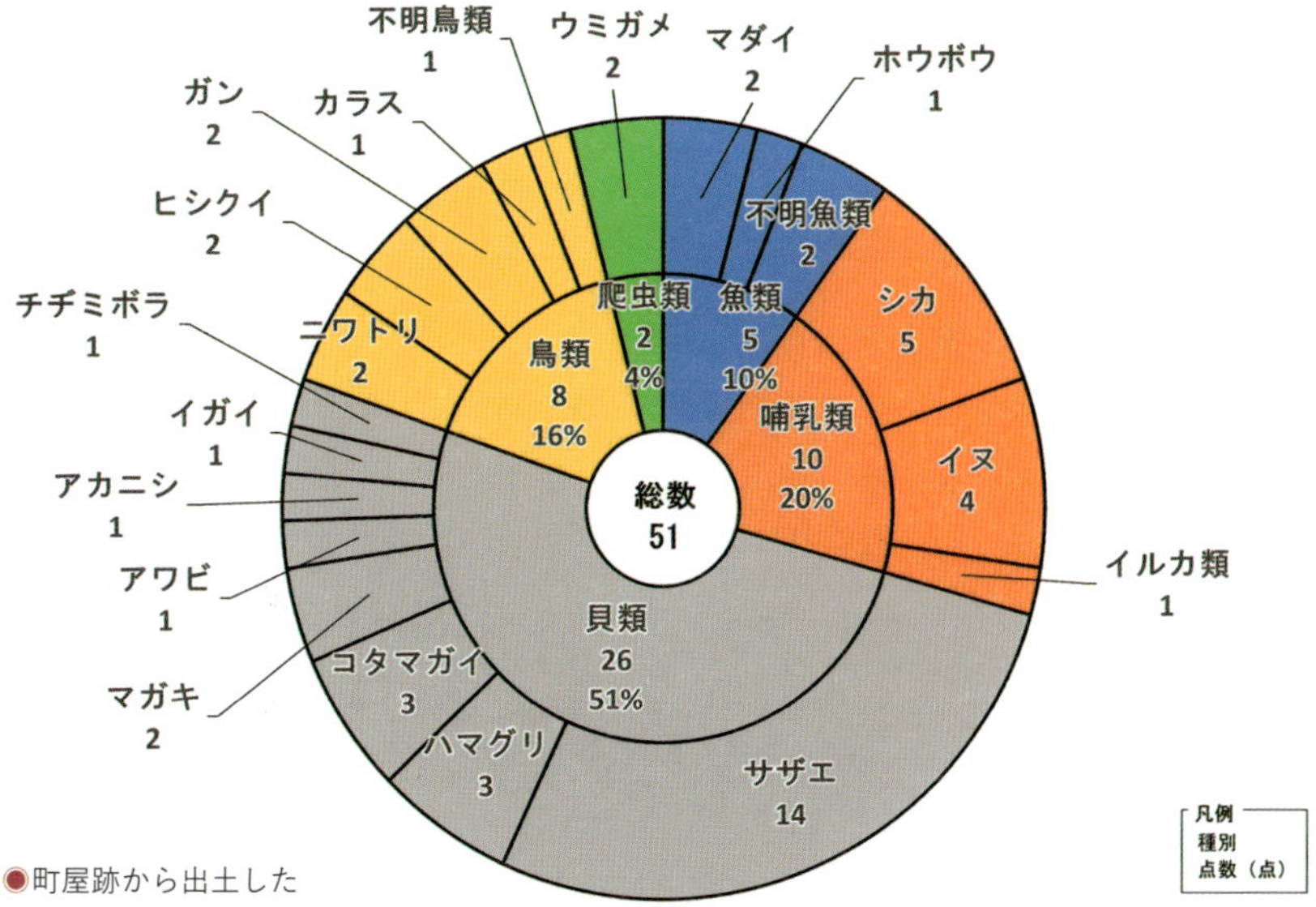

図7●町屋跡から出土した動物遺存体の組成

やクジラ）の骨も一点見つかっている。イルカ類は、山科家の日記ではシルやスイモノの食材として登場することが多い（橋本二〇二三）。また、「義景亭御成之記録」の献立にもクジラが登場していることから、一乗谷でもイルカ類が食べられていたと考えられる。

このように、居住域によって出土する動物遺存体の組成は異なるものの、遺跡全体としては海産の魚介類がきわめて多い傾向が読み取れる。当遺跡は海岸から直線距離で三〇キロメートル以上離れた内陸に位置しているにもかかわらず、大量の海産魚介類が一乗谷にもたらされ、人々の食糧として消費されていたことがうかがえる。現代と同じく、資源豊かな日本海が戦国時代の人々の食生活を支えていたのである。

淡水魚の消費

最後に、一乗谷における淡水魚《たんすいぎょ》の消費について紹介する。魚類の供給源として海以外にも河川や湖沼《こしょう》などの内水面も十分に想定されるが、当遺跡から淡水魚の動物遺存体が出土した例はきわめて少ない。淡水魚の出土が少ない要因としては、実際に淡水魚があまり食べられていなかったことも可能性のひとつとして考えられる。だが、淡水魚は海産魚よりも小型のものが多く、遺物として発掘調査時に拾い切れていない可能性も十分に考えられる。実際に、四二次発掘調査区の石積施設（トイレ遺構の可能性が考えられる）の底部埋土を〇・五ミリメートルのフルイにかけてていねいに選別したところ、小さなコイ科（コイ科フナ属の可能性が高い）の腹椎《ふくつい》が一点見つかった。また、動物遺存体そのものの出土ではないが、人々が淡水魚を食べたことがわかる微細物《びさいぶつ》や遺物も見つかっている。たとえば、八四次発掘調査区のトイレ遺構と考えられる石積施設の埋土に含まれる微

図8●寄生虫卵

細物を顕微鏡で観察したところ、日本海裂頭条虫卵《にほんかいれっとうじょうちゅうらん》という寄生虫の卵が見つかった（図8）。日本海裂頭条虫はサケやマスに寄生する虫であり、この寄生虫の卵がトイレ遺構で見つかったことから、一乗谷の人々がサケやマスを生食、あるいは十分に加熱しないまま食していたことがわかる。また、一〇四次発掘調査区の武家屋敷跡から「背腸《せわた》」と墨書《ぼくしょ》で書かれた小型曲物《まげもの》の蓋《ふた》が見つかった（図9）。「背腸」とは、サケの背骨に沿って付着する血液の塊＝腎臓《じんぞう》を塩辛にしたもので、出土した曲物は酒肴である「背腸」の保管や運搬に使われた容器と考えられる。このように、一乗谷の人々は少なからず淡水魚も食していたのである。

図9●「背腸」曲物

【参考文献】

赤羽正春「鱈」『ものと人間の文化史』（171、法政大学出版局、二〇一五年）

北原保雄『日本国語大辞典』（小学館、二〇〇三年）

佐藤圭「戦国城下町の食生活をめぐる歴史的環境―一乗谷朝倉氏遺跡の調査成果から―」（『環境歴史学の探究』岩田書店、二〇〇五年）

佐藤圭「戦国時代の武士の食生活について―文献資料の検討を中心に―」（『一乗谷朝倉氏遺跡資料館紀要二〇〇九』福井県立一乗谷朝倉氏遺跡資料館、二〇一一年）

橋本道範「日本産淡水魚消費論に向けて―十四世紀から十六世紀の首都京都を対象として―」（『琵琶湖博物館研究調査報告第三六号』滋賀県立琵琶湖博物館、二〇二三年）

朝倉孝景の「賢いキレ方」

石川美咲

アンビバレントな孝景書状

戦国大名としての朝倉氏、政治的拠点としての城下町一乗谷の礎を築いた初代当主朝倉孝《たか》景《かげ》。彼が越前国坂井郡の国衆《くにしゅう》の堀江《ほりえ》景用《かげもち》に対して書き送った自筆《じひつ》の書状《しょじょう》が、福井県立一乗谷朝倉氏遺跡博物館に収蔵されている。当館ホームページのデジタルアーカイブでも写真を公開しているので、ぜひご覧いただきたい。

当館では、平成二十六年度に購入した当時から、「本資料は文言や筆致などからも相手に敬意を示し丁寧に書かれていることがうかがわれ、宛《あて》所《どころ》の位置なども書札礼《しょさつれい》にそって朝倉氏と堀江氏の対等な関係性を示した書き方がされている」と紹介してきた（宮永二〇一六）。過去の展覧会でも「堀江氏の立場を尊重した丁寧な対応が文言に表れており、連絡を密に重ねている」との解釈を提示している（福井県立一乗谷朝倉氏遺跡資料館二〇一五）。だが、筆者は初めて見たときから、この史料解説になんとなく違和感があった。違和感の正体はこれだ。

「…いや、孝景めっちゃキレてるやん！」

と、思わずツッコミを入れたくなるほど、この書状のなかで孝景は確

図1◉瀧谷寺　孝景の書状の前半部では、孝景による瀧谷寺の竹木についての指示が書かれている　福井県坂井市三国町

吉崎
至加賀国
細呂宜橋
細呂宜
三国湊
金津
竹田川
豊原寺
高木舟橋
鳴鹿渡
九頭竜川
中郷
北庄
安居渡
北庄橋
小舟渡渡
平泉寺
大渡
浅水
東郷
阿波賀
浅水橋
美濃街道
一乗谷
大野
織田
水落
白鬼女渡
北陸道
足羽川
真名川
粟田部
府中
西街道
（馬借街道）
朝倉街道
至美濃国
今泉
日野川
河野
鯖波
今庄
木ノ芽峠
若狭国
越前国
敦賀湊
笙ノ橋
足田
笙ノ川
耳川
至近江国
（塩津）
至近江国
（海津）
関の置かれたところ
中世の橋
中世の渡し場

図2 ◉一乗谷と周辺地域の地図

実にキレている。孝景は堀江に対して激怒しているはずなのに、尊敬もしている…。そんなことがありえるのか。好きな人のことを好きすぎて逆に避けてしまう、いわゆる「好き避け」的な状況で、当人の思いと態度が真逆になってしまっているのかも…。そんなふうに考えすぎて、長らくこのアンビバレントな書状の理解に苦しんできた。だが、ようやく最近になってその疑問が氷解《ひょうかい》した。

孝景書状の中身

孝景はなににそんなにキレているのか。書状の後半、傍線部を訳してみよう。

瀧谷寺竹木可被切之由申候処、寺内之竹木可残之由被申候、敵くろみニ付て可陣取之由風聞候之間、可被切之由申候き、雖然時宜御思案候て、重而可承候、又竹木の事、さしあたり者用の子細ハなく候、被売候ハヽ、少々買候ハんするよし申候、次細呂宜(木)宇祢(根)へ贓物あつけ(預)置候処、敵へ被取候由承候、以前如此候ハんすると存候て、(行間書入れ)「国中へもたせられ候へく候」申候つる、いかゝ御成敗候哉、以後の事ハなにとせられ候て可然候ハんする哉、各御談合

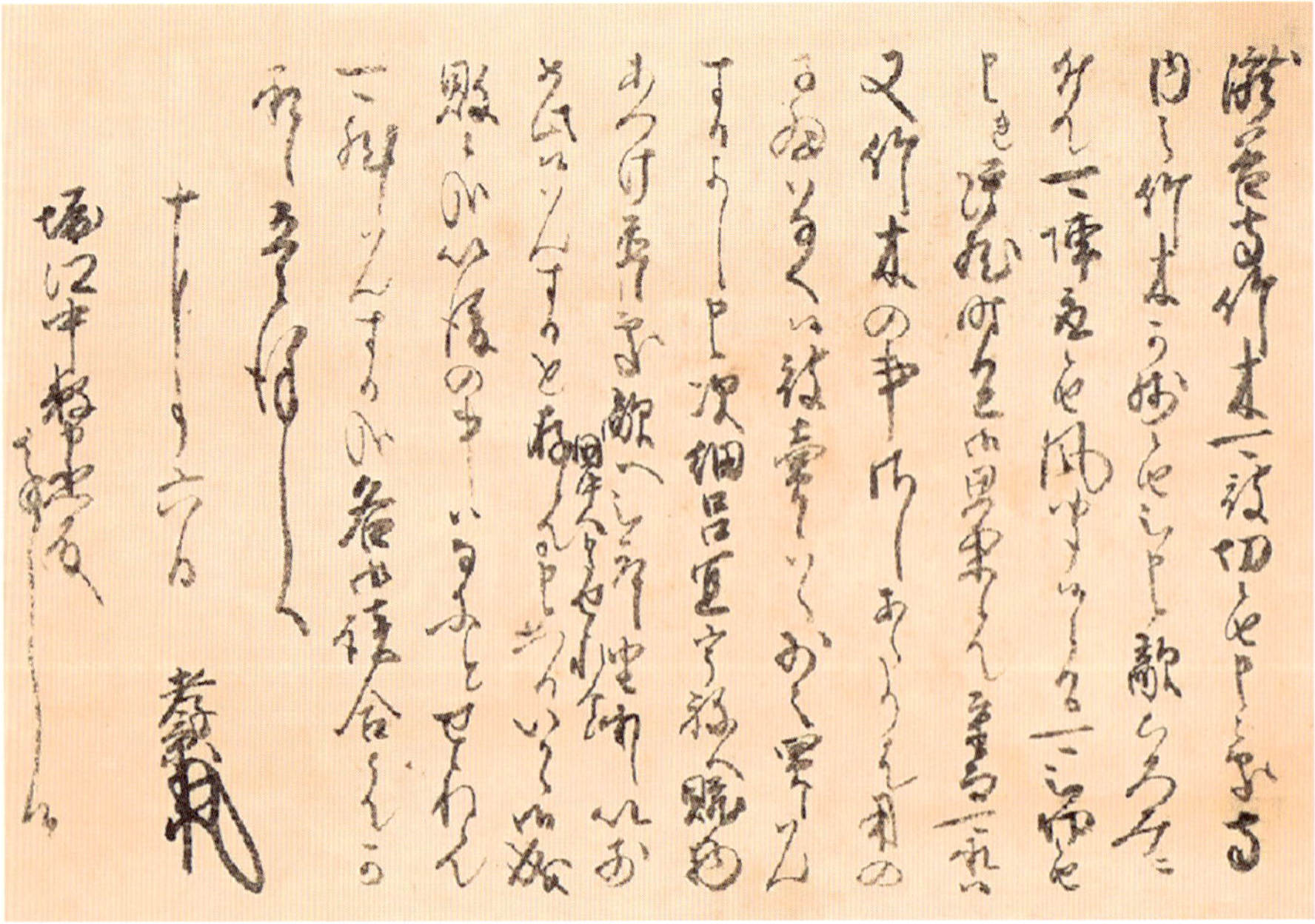

図3●朝倉孝景書状

候て可承候、恐々謹言、

十月六日（文明年間）　　孝景（朝倉）（花押）

堀江中務丞殿（景用）
進之候

【傍線部読み下し】細呂宜宇祢へ贓物預け置き候処、敵へ取られ候由承り候、以前かくのごとく候わんずると存じ候て、国中へもたせられ候べく候と申し候つる、いかが御成敗候哉、以後の事はなにとせられ候て然るべく候わんずる哉、各御談合候て承るべく候、恐々謹言、

【傍線部意訳】細呂木郷《ほそろぎ》の宇根《うね》（現・あわら市宇根）に贓物《ぞうぶつ》を預けていたら、敵に奪われてしまったと聞きました。以前、私はあなたに「そういうこともあるから、もっと国中《くになか》（国の中心部）へ持ってきてください」と言いましたよね。あなたはこの件にどのように対処されたのでしょうか。また、今後のことはどうするおつもりなのでしょうか。そちらで検討された結果をお聞きしたいです。恐れながら謹んで申し上げます。

状況を整理しよう。本史料の年代は、文明《ぶんめい》元年（一四六九）から同十二年の間に比定される。「細呂木郷の宇根」とは、加賀《かが》との国境にほど近い越前の村である。その村へ堀江は「贓物」（盗品）を預けていた。「贓物」とは、窃盗《せっとう》や詐欺《さぎ》などの犯罪行為によって不法に手に入れた他人の財物《ざいもつ》をいう。具体的には財産やその証文、家財道具・家畜《かちく》・種籾《たねもみ》などが想定される。中世在地社会の法的慣行として、盗みや詐欺の現行犯を取り押さえられなかった場合、贓物の露顕《ろけん》が犯罪行為を立証する決め手であった（酒井二〇〇四）。これに則《よ》れば、ここでいう「贓

図4●堀江館跡に立つ堀江一族の五輪塔
福井県あわら市　画像提供：あわら市郷土歴史資料館

物」は、もともと越前にあったものと考えられ、敵対勢力から越前勢が押収した敵方の窃盗を証明する証拠物件の可能性がある。この場合の敵対勢力とは、加賀の一揆勢および朝倉氏と激しく対立した斯波《しば》氏被官の甲斐《かい》氏ら反朝倉氏勢力が想定される。つまり、越前にあった財物が加賀勢に奪われ（越前勢は加賀勢を現行犯逮捕できなかった）、なんらかの機会に越前勢がそれを加賀勢による窃盗行為の証拠として押収し、細呂木郷にて保管していた、と理解できる。

この場合の「贓物」を、加賀の敵対勢力から越前勢が奪った盗品と解釈する余地もある。他人の所有物であっても、敵であれば実力で押しとるのが戦国人の「正義」である。ただし、本朝倉孝景書状において、「贓物」を越前勢が加賀から奪った盗品と解釈した場合、孝景自ら越前勢の犯罪行為を認めてしまうことになる。したがって、ここでは「贓物」をもともと加賀にあったものとみるよりも、越前にあったものと解釈するほうがよいだろう。

預物の作法

村に近い将来、戦などの危険が及ぶことが予測され、一定程度の時間的余裕がある場合は、繋がりのある村などに貴重品を預ける戦国期の習俗がある。こうした戦国人の危機管理の知恵を「預物《あずけもの》」の作法という。

話は脱線するが、預物の習俗《しゅうぞく》は、太平洋戦争前後まで受け継がれていたといわれる（藤木二〇〇九）。関連して、越前敦賀《つるが》の事例を一つ紹介しておきたい。敦賀《つるが》市神楽《かぐら》町の浄土宗《じょうどしゅう》鎮西派《ちんぜいは》の善妙寺《ぜんみょうじ》は、県下有数の文書群を所蔵することで知られる。ただ、昭和二十年（一九四五）七月十二日深夜の敦賀空襲によって、寺域の主だった建物は焼亡している（現在の本堂などは戦後の再建）。にもかかわらず、貴重な史料群が残ったのは、戦時中、当時の住職が敦賀市郊外の

図5◉畝畦寺跡　奈良時代に泰澄大師が創建し、多くの僧坊を持ち繁栄したと伝わる山岳寺院。明治時代の廃仏毀釈の影響で、現在は観音堂が残るだけとなっている　福井県あわら市　撮影：北野武男　画像提供：あわら市郷土歴史資料館

檀家のもとへ、古文書や本尊などの寺宝を預けていたため、空襲を免れたのだという（同寺現住職の吉川文雄氏からご教示を賜った）。

話を元に戻そう。堀江は細呂木郷に贓物を「預ける」ことで、その責を塞いだつもりでいたのであろう。しかし、孝景は加越国境付近の細呂木郷では納得できなかった。孝景は事前に、敵に贓物を奪い返されることを危惧し、より国の中心部へ贓物を運ぶよう、堀江に指示していたのである。孝景の勧告も虚しく、堀江は贓物の移管《いかん》を怠った。孝景の不安は的中し、証《しょう》拠《こ》隠滅《いんめつ》を画策した加賀勢によって再び贓物は奪われてしまった。というわけで、反朝倉勢力に対し共闘するなかでの堀江の不始末・無作法、すなわち預物の作法を適切に実行していなかったことに、孝景はキレたのであった。

孝景は論理的に堀江を追い詰めている。ただ感情に任せて怒り散らすのではなく、堀江が言われたことをしていないからキレているのである。たとえば、孝景がここで暴言を吐いて堀江を罵ってしまったら、自身の負けだと自覚していたのだろう。堀江に逆ギレされ、暴言に対する非難に論点をすり替えられてしまっては元も子もない。孝景は「理詰め」で堀江に対抗したのであった。

うわべだけのていねいさ≠敬意の表れ

書状の文章表現にも、孝景は知恵を凝らしている。孝景は本状の最後を、「今後の対応は決まったことだけを報告してくれ」と結んでいる。裏を読めば、「いちいち相談してくるな」と言外に堀江を牽制しているのかもしれない。堀江サイドとの接触回数を極力減らすことで、言質を取られるリスクを回避できる。孝景に堀江と連絡を「密に」重ねる気は、多分ないだ

図6●善妙寺　福井県敦賀市

ろう。

また、この書状は書札礼にも抜かりがない。仮に、堀江氏が朝倉氏の家臣であったなら、使う料紙《りょうし》は折紙《おりがみ》などでもよさそうなところ、本状の料紙には格調《かくちょう》高く「竪紙《たてがみ》」が用いられている。書止文言《かきとめもんごん》も書かなくてもいいか、もしくは「謹言《きんげん》」でもよさそうなところを、「恐々《きょうきょう》謹言」で結ばれている。宛所の位置も高く、脇付《わきづけ》もある徹底ぶりだ。孝景がここまでするのには、理由があったはずである。薄礼《はくれい》な書状を送り、堀江が「書札礼もわかっていない奴の言うことなんて聞けるか」と論点をすり替えかねないことも、孝景は織り込み済みなのだろう。

文章表現のていねいさや書札礼上の厚礼《こうれい》さだけで、受給者《じゅきゅうしゃ》に対する敬意や配慮と結びつけると、場合によってはミスリードに陥《おちい》る。戦国大名にとって国衆《くにしゅう》は領国内にいる同業他社の社長のようなものである。国衆はあからさまな「敵」ではないけれど、一ミリの隙も与えたくないし、絶対にナメられたくない。尊敬表現ですら「武器」にした孝景のしたたかさが、このアンビバレントな書状の本質なのである。

【参考文献】

酒井紀美「中世法と在地社会」（歴史学研究会・日本史研究会編『日本史講座4 中世社会の構造』東京大学出版会、二〇〇四年）
福井県立一乗谷朝倉氏遺跡資料館編『国指定特別史跡 指定四五年記念 特別展 一乗谷～戦国城下町の栄華～』（二〇一五年）
藤木久志『城と隠物の戦国誌』（朝日新聞出版、二〇〇九年）
宮永一美「平成二六年度資料館購入・寄贈資料　朝倉氏家臣堀江氏関係資料について」（『一乗谷朝倉氏遺跡資料館紀要二〇一四』福井県立一乗谷朝倉氏遺跡資料館、二〇一六年）

越前朝倉氏関連年表

西暦	元号	月	事項	朝倉氏当主
一三〇三	嘉元元		朝倉広景が但馬国から越前に入国する。足羽郡足羽庄の代官となり黒丸館に居住し、黒丸入道または美作入道と称したという（『壬生本朝倉家譜』）。	
一三一四	正和三		広景の二男高景が江州で誕生したという（『壬生本朝倉家譜』）。	
一三三三	正慶二	四月	足利尊氏が丹波国篠村着陣のとき、広景（『朝倉軍談』では高景）が幕下に馳せ参じたという（『朝倉始末記』）。	
一三四二	康永元		朝倉金吾（高景）が別源円旨を開山として足羽郡安居に弘祥寺を開創する。	
一三五二	文和元	二月	越前朝倉氏の祖・広景が死没（九八歳、法名は空海覚性）。	
一三五五	文和四	二月	足利直冬に与同した「朝倉下野守（高景か）」が斯波氏頼（高経の二男）とともに洛中で奮戦する（『太平記』）。	
一三五七	延文二	十二月	将軍から朝倉高景に越前国足羽庄預所職が与えられる。	
一三六四	貞治三	一月	「御的日記」に「朝倉弾正忠」（三段崎氏祖）がみえる。	
一三六六	貞治五	十一月	斯波氏誅伐の勲功により越前国内で七ヵ所（宇坂庄・棗庄・東郷庄・坂南本郷・河南下郷・木部嶋・中野郷）の地頭職が朝倉高景に与えられる（貞治の政変）。	
一三六七	貞治六	十月	幕府が大野郡泉庄・小山庄における朝倉高景の乱暴を止めさせる。一方、今南西郡の仁和寺領真柄庄の代官、深町・真柄両氏が高景の預状を楯に守護の命令に服さず。	
一三七二	応安五	五月	朝倉高景が死没（五九歳、法名は徳岩宗祐）。	
一四〇一	応永八		朝倉氏景が安居の弘祥寺に大仏殿を建立する。	
一四〇五	応永十二	十二月	朝倉氏景が死没（六六歳、法名は大切勝勲）。	
一四二八	正長元	四月	朝倉孝景（英林）が誕生。	
一四二九	正長二	八月	斯波義淳の管領就任をめぐり、斯波氏の宿老の朝倉ら（為景）が幕府に召し出される（『満済准后日記』）。	
一四三一	永享三		南陽寺比丘尼が一乗谷外の足羽郡安原庄（鳴滝殿御領）の代官であったことが確認される（『看聞日記』）。	
一四三六	永享八	閏五月	朝倉為景が死没（七七歳、法名は大心宗忠）。	
一四三八	永享十	八月	朝倉教景（心月）が鎌倉公方足利持氏討伐軍に従軍する（永享の乱）。	

西暦	元号	月	事項	朝倉氏当主
一四四一	嘉吉元		教景が結城合戦に出陣する。	
一四四二	嘉吉二		教景が弘祥寺に仏殿を再興する。	
一四五〇	宝徳二	十二月	教景（家景）が死没（四九歳、法名固山良堅）。	孝景
一四五二	享徳元	九月	斯波義健が死去し、庶流の斯波持種の子息、義敏が家督を継承する。朝倉教景（孝景）が義敏の「敏」の偏諱を受け孫右衛門尉敏景と名乗る。	
一四五七	長禄元	一月	斯波義敏と守護代甲斐常治との抗争に対し将軍足利義政が下した処断に憤激した斯波義敏は、東山の東光寺に出奔して寺内に籠もる。	
一四五八	長禄二	二月	守護斯波義敏と守護代甲斐氏との和睦が成立する。	
		七月	甲斐方が越前で蜂起する。	
		八月	守護方の堀江利真が京都から越前に入国。守護方が優勢になる。	
		十一月	甲斐敏光・朝倉教景（孝景）らが京都から越前国へ向かう。	
一四五九	長禄三	二月	幕府が敦賀郡疋檀で守護方と守護代方との和議を図るも、斯波義敏の反対で不調に終わる。これに憤激した朝倉敏景が再び名をもとの教景に改める。	
		五月	斯波義敏の軍勢が甲斐方の敦賀城を攻めて敗北。将軍義政の怒りに触れた義敏は守護職を奪われ、西国周防国大内氏のもとに隠退する。守護職は義敏の子松王丸（三歳）に改替される。	
		六月	朝倉教景（孝景）が北庄に下着してまもなく、足羽郡和田庄で守護方と守護代方が戦い、守護代方の甲斐・朝倉方の大勝利となる。決戦の翌日、甲斐将久が急死。朝倉教景が官途を弾正左衛門尉と改める。	
一四六一	寛正二	九月	越前守護の斯波松王丸が退けられて、渋川義鏡の息子が守護に迎えられ、斯波義廉と名乗る。	
一四六三	寛正四	七月	朝倉教景（心月）が死没（八四歳、法名は心月宗覚）。	
一四六四	寛正五	六月	興福寺が朝倉教景の名字を呪詛する。これにより教景は孝景と改名する。	
一四六五	寛正六	十二月	斯波義敏が罪を赦されて西国から帰洛。	
一四六六	文正元	七月	斯波義廉が退けられて義敏が惣領職を回復する。	
		九月	伊勢貞親父子・蔭凉軒真蘂・斯波義敏父子らが京都から逃亡し、斯波義廉が越前国の守護に復帰。	
一四六七	応仁元	一月	上御霊社に陣取った畠山義就軍を朝倉孝景ら山名勢が攻撃してこれを破る。在洛する斯波持種・竹王父子を襲撃して追放する。	
		五月	応仁の乱が勃発し、西軍に属した朝倉孝景がめざましく奮戦する。	

西暦	元号	月	事項	朝倉氏当主
一四六八	応仁二	五月	越前へ下国した東軍の斯波義敏により朝倉党類がことごとく国中から追い出されたという。	孝景
		九月	この頃から、孝景への東軍勧誘工作が始まる。	
		閏十月	孝景が兄弟両三人とともに越前へ下向する。	
一四七一	文明三	四月	本願寺蓮如が越前国河口庄細呂宜郷下方の「吉崎」の地に坊舎を建立し、布教を始める。	
		五月	将軍足利義政から越前国守護職補任の御内書が孝景に下付される。	
		六月	朝倉孝景が越前平定に乗り出し、今立郡河俣保に出陣する。	
		八月	今立郡鯖江庄上野と新庄保鴨宮の両所の合戦で朝倉方が大勝利を収める。	
		九月	池田庄清水谷で朝倉方が池田氏と戦う。	
一四七二	文明四	八月	朝倉方が守護所府中を陥落させ、甲斐党類を国外へ追放。府中一帯を平定する。	
一四七三	文明五	八月	坂井郡細呂宜郷で甲斐勢と戦う。朝倉方が勝利する。	
一四七四	文明六	一月	南条郡杣山合戦が起こる。	
		五月	吉田郡殿下・桶田口で激戦が展開する。	
		閏五月	敦賀天神浜や一乗谷近辺の波着寺・岡保で合戦、朝倉方は千福・甲斐法花院舎弟らを討ち捕って勝利。	
一四七五	文明七	十二月	二宮氏が立て籠もる土橋城を攻略して大野郡を平定する。	
一四七七	文明九	十一月	応仁の乱が終わる。	
一四七九	文明十一	三月	朝倉孝景を筆頭に一族・家臣ら五十余名が清水寺の再興勧進に莫大な奉加をする。	
		八月	一条兼良が一条家の家領返還を願って越前へ下向するが、孝景から二百貫の礼銭を受け取っただけで帰洛。	
一四七九	文明十一	閏九月	反朝倉陣営を固めた斯波義良・甲斐・二宮らが朝倉氏征伐のため越前へ進発する。	
		十一月	斯波方が豊原寺や平泉寺に着陣すると坂井郡一帯で合戦が始まる。朝倉氏景勢が金津へ夜襲を仕掛ける。	
一四八〇	文明十二	一月	朝倉氏景の居陣する金津へ甲斐勢が夜襲を仕掛ける。	
		七月	大野郡での戦況は朝倉方に好転して朝倉光玖が持ち固めたが、朝倉氏景の固める坂井郡では長崎城・金津城・兵庫城・新庄城が甲斐方の手に落ち、九頭竜川の以北で朝倉方の拠城として残るのは四、五ヵ所となる。坂井郡本郷合戦・丹生郡清水山合戦が起こる。	
		八月	吉田郡芝原合戦が起こる。	

西暦	元号	月	事項	朝倉氏当主
一四八一	文明十三	七月	朝倉孝景が対陣中に死去（五四歳、法名は一乗寺殿英林宗雄居士）。	氏景
		九月	嫡男氏景を中心とする朝倉一族の団結で朝倉方が完勝。斯波義良ら甲斐方の反朝倉勢を国外に追放する。	
		十月	美濃国守護代の斎藤妙純の調停により、「斯波義廉之息」を名目的な守護に推戴して越前に迎え入れる。	
一四八二	文明十四	閏七月	一乗谷で大火が起こる。	
一四八四	文明十六	七月	朝倉景総が弟の教景（法名は以千宗勝）を相撲に事寄せて殺害。	
		十一月	甲斐の牢人衆が加賀の一向一揆とともに坂井郡に侵入し、朝倉と戦う。	
一四八六	文明十八	七月	朝倉氏景が死没（三八歳、法名は子春宗孝大居士）。	
一四八七	長享元	八月	将軍足利義尚が近江に出陣。このとき、尾張の斯波義寛との間で越前の支配権をめぐる相論が起こる。	貞景
		十二月	相論は斯波方の不満を残しながらも将軍の上意として一応落着する。	
一四九〇	延徳二	二月	朝倉景冬が足利義政の造営する東山山荘に仙洞御所の松を移植する労役を務める。	
一四九一	延徳三	三月	管領細川政元の一行が越後へ下向するなかで、越前を通過する。	
		四月	朝倉貞景が美濃国守護代斎藤利国の娘を妻に迎える。越後からの帰路、細川政元の一行が四月二十二日に一乗谷に入り朝倉館に二泊する。	
		八月	将軍足利義材が近江へ再出陣すると、斯波義寛との相論が再燃する（延徳の相論）。	
一四九二	明応元	四月	朝倉・斯波の相論訴訟は所司代浦上則宗が管掌するも、以後、「越前進退」については不明となる。	
一四九三	明応二	四月	将軍足利義材を廃して堀越公方足利政知の子の清晃を将軍に擁立する（明応の政変）。朝倉光玖の被官杉若・久原を両大将とする越前衆が上洛してこれに参陣する。	
		六月	足利義材が京都を脱出して越中へ逃れる。	
一四九四	明応三	一月	朝倉慈視院光玖が死没（五五歳）。	
		十月	甲斐勢が加賀より越前に侵攻し、大野郡や坂井郡豊原寺で合戦が展開される。	
一四九五	明応四	三月	美濃で船田合戦が起こる。	
		七月	朝倉貞景が近江の柳ヶ瀬まで出陣する。	
一四九六	明応五	五月	美濃の城田寺（木田寺）合戦に朝倉勢が出兵して大勝を収める。	
一四九八	明応七	八月	越中から上洛の途についた足利義材（義尹）が、翌月に一乗谷阿波賀の含蔵寺に入寺する。	

西暦	元号	月	事項	朝倉氏当主
一四九九	明応八	七月	「越前公方」の足利義尹の一行が一乗谷から上洛の途につく。朝倉氏は従軍せず。	貞景
一五〇三	文亀三	四月	敦賀郡司朝倉景豊の謀叛が鎮定される（敦賀の乱）。朝倉教景に敦賀郡司職が与えられる。	
一五〇四	永正元	閏三月	朝倉貞景が弾正少忠、兼左衛門少尉に任官する。	
		八月	朝倉景総が越前北部に侵入するが敗北を喫する。	
一五〇六	永正三	七月	加賀・越中・能登の一揆勢が越前の川北一帯に侵入するも、朝倉勢はこれを撃退する。	
		十月	豊原・竹田口から一揆が来襲するが、これも撃退する。	
一五〇九	永正六	七月	建仁寺月舟和尚が朝倉貞景の息女の南陽寺良玉侍者の得度のために越前に下向する。	
一五一二	永正九	三月	朝倉貞景が鷹狩りの路次にて急死（四〇歳、法名は長陽院殿天沢宗清大居士）。	孝景
一五一六	永正十三	六月	孝景が将軍足利義稙から白傘袋と毛氈鞍覆を免ぜられる。武田氏救援のため朝倉教景（宗滴）勢が若狭に出陣し、さらに丹後へ進出して倉梯城を落城させる。	
一五一八	永正十五	八月	美濃守護代の斎藤利良が土岐頼武を擁して越前へ逃亡。越前在国中に頼武は朝倉貞景の娘を妻に迎えたらしい。	
一五一九	永正十六	七月	土岐頼武を擁して朝倉景高勢が美濃に侵入、九月十四日に正木合戦、十月十日に池戸合戦で勝利する。	
一五二〇	永正十七	四月	朝倉孝景（英林）の後室の桂室永昌大姉が死没。	
一五二五	大永五	五月	六角氏に合力した朝倉教景（宗滴）が小谷城に出張して浅井と六角両氏の間の調停工作にあたる。	
一五二五	大永五	十月	朝倉景職の軍勢が美濃の稲葉山（岐阜市）まで兵を進める。	
一五二七	大永七	十月	細川高国の要請により朝倉教景を総大将とする越前衆が京都へ出陣する。	
		十一月	下京の西七条川勝寺口での合戦で朝倉方が勝利する。	
一五二八	大永八	三月	京都在陣中の朝倉勢が、突然越前へ帰還する。	
一五二九	享禄二	五月	朝倉孝景が将軍足利義晴の御供衆に加えられる。	
一五三一	享禄四	閏五月	加賀で享禄の錯乱が起こったため、八月に朝倉勢が加賀へ出陣する。	
一五三五	天文四	四月	孝景が将軍足利義晴から塗輿を免ぜられる。	
一五三八	天文七	六月	孝景が将軍足利義晴の御相伴衆に列する。	
		十一月	兄の武田元光と家督を争い越前に亡命していた信孝の若狭侵入を幕府が朝倉孝景に命じて制止させる。	

西暦	元号	月	事項	朝倉氏当主
一五四〇	天文九	九月	朝倉景高が幕府政所執事の伊勢貞孝邸で楊弓の会に参会して追放される。景高と対立していた朝倉孝景は、この処罰を喜んで禁裏修理料として百貫文、将軍家へ五十貫文を進上する。	孝景
一五四一	天文十	九月	若狭武田氏に身を寄せた朝倉景高が本願寺証如に書状を送って本願寺と結ぼうとするも証如は拒絶。	
一五四三	天文十二	四月	若狭を退出した朝倉景高は和泉の堺湊から西国へ没落する。	
一五四四	天文十三	九月	朝倉教景（宗滴）を大将とする越前勢が美濃の稲葉山城下を焼き払う。	
一五四八	天文十七	三月	朝倉孝景が波着寺へ参詣の帰路に頓死（五六歳、法名は性安寺殿大岫宗淳大居士）。	
一五五二	天文二十一	六月	朝倉延景が将軍足利義藤（義輝）の「義」の偏諱を賜わって義景と改め左衛門督に任ぜられる。	義景
一五五五	弘治元	七月	朝倉教景（宗滴）が加賀に出陣し江沼郡の大聖寺など三つの城を落とす。	
		九月	教景（宗滴）が陣中で病に倒れ一乗谷で死没（七九歳、法名は月光院殿照葉宗滴大居士）。	
一五五八	永禄元	九月	正親町天皇の即位の礼の費用として一万疋を内裏に進献する。	
一五五九	永禄二	四月	将軍足利義輝による加越の和平工作を受け入れて朝倉勢が加賀から撤兵する。	
		十一月	朝倉義景が従四位下に叙位される。	
一五六〇	永禄三	六月	義景が心月寺才応総芸に命じて「赤淵大明神縁起」を上粋させる。	
一五六一	永禄四	四月	義景が坂井郡棗大窪ノ浜で犬追物を興行する。	
		七月	義景が正親町天皇に「赤淵大明神縁起」の外題の染筆を求める。	
		八月	若狭武田義統の求めに応じて出陣した敦賀郡司の朝倉景紀が逸見氏の乱を鎮定して帰陣する。	
一五六二	永禄五	八月	義景が一乗谷の阿波賀河原で盛大な曲水の宴を催す。	
一五六四	永禄七	九月	朝倉景鏡・同景隆の両人を大将とする朝倉軍が加賀に進攻し、つづいてみずから総大将となって出馬した義景は湊川（手取川）の岸まで進出して帰陣する。	
一五六五	永禄八	五月	将軍義輝が暗殺される。	
一五六七	永禄十	八月	足利義輝の弟義秋（義昭）が妹婿にあたる武田義統を頼って若狭に入る。	
		九月	足利義秋が越前の敦賀へ移座。	
		十一月	武田義統が死没（三二歳）。義秋が一乗谷の安養寺に入る。義景が義秋の御所へ御礼のため参上する。	
		十二月	義秋が義景屋形（館）を訪問する。義秋の調停で加越和議が成立。	

西暦	元号	月	事項	朝倉氏当主
一五六八	永禄十一	三月	義景生母の光徳院が義秋から従二位に任ぜられる。義景が南陽寺に義秋と伴衆を招いて観桜の宴を催す。	義景
		四月	朝倉義景屋形（館）において義景の加冠により足利義秋の元服式が行われ、義秋は義昭と改名する。	
		五月	足利義昭が朝倉屋形（館）を訪問する。	
		六月	義景が義昭の御所に召される。義景の最愛の嫡男阿君が七歳で急死（毒殺か）。	
		七月	信長の勧めにより足利義昭が一乗谷を出立して岐阜の立政寺に入る。	
		九月	足利義昭を奉じた信長が上洛し、畿内をほぼ平定する。	
一五七〇	元亀元	四月	織田信長軍が若狭を経て敦賀に進出し、天筒・金ヶ崎の両城などを開城させるも、突如、江北の浅井長政が離反したとの報に接して信長軍は退却する。	
		五月	朝倉景鏡らの率いる朝倉勢が近江北部に進出する。	
		六月	姉川を挟んで、朝倉・浅井連合軍と織田・徳川連合軍とが激突。朝倉・浅井連合軍が敗北（姉川の戦い）。	
一五七〇	元亀元	九月	朝倉・浅井連合軍三万が湖西を経て下坂本まで進出する。織田信治・森可成の守る宇佐山・堅田の両城を攻略し、逢坂峠を越えて京都へ侵入する。信長は急いで兵を返して坂本に着陣する。	
		十二月	正親町天皇の綸旨と将軍足利義昭の調停で織田方と朝倉方とが和議を結び、朝倉・浅井勢は撤兵する。	
一五七一	元亀二	九月	信長が比叡山を囲み延暦寺の根本中堂をはじめ山王二十一社を焼き払い、数千人を惨殺（比叡山の焼き討ち）。	
一五七二	元亀三	三月	義景の娘と顕如の長子教如との婚約が成立する。信長が浅井氏の小谷城を攻め江北一帯を焼き払う。	
		七月	信長は再び浅井氏の小谷城を攻める。義景の軍勢が小谷城の西方の大嶽（大筑）に着陣する。	
		八月	朝倉方の前波吉継父子や富田弥六・毛屋猪介・増井甚内らが信長方に寝返る。	
		十月	甲斐の武田信玄が上洛の途につく。	
		十二月	織田信長軍が徳川救援のため兵を美濃へ返すと、義景の軍勢の大部分が越前へ引き揚げてしまう。遠江国の三方ヶ原の合戦で武田方が徳川方を破り勝利する。	
一五七三	元亀四（天正元）	七月	織田信長が将軍足利義昭を追放する（室町幕府の滅亡）。信長の近江出陣に対する浅井長政からの援軍要請に応じた朝倉義景は一乗谷を進発する。同二十八日に「元亀」の元号が「天正」と改元される。	
		八月	しばらく敦賀の安養寺に滞陣していた義景は周囲の反対を押し切って江北へ馬を入れたが、信長の攻勢に押されて敗走し刀禰坂で完全に敗北する。義景は天正元年（一五七三）八月二十日、大野六坊賢松寺で自害する（四一歳、法名は松雲院殿太球宗光大居士）。朝倉氏がここに滅亡する。	

※松原信之『越前朝倉一族』（新人物往来社、一九九六年）掲載の年表をもとにした。

博物館の利用案内

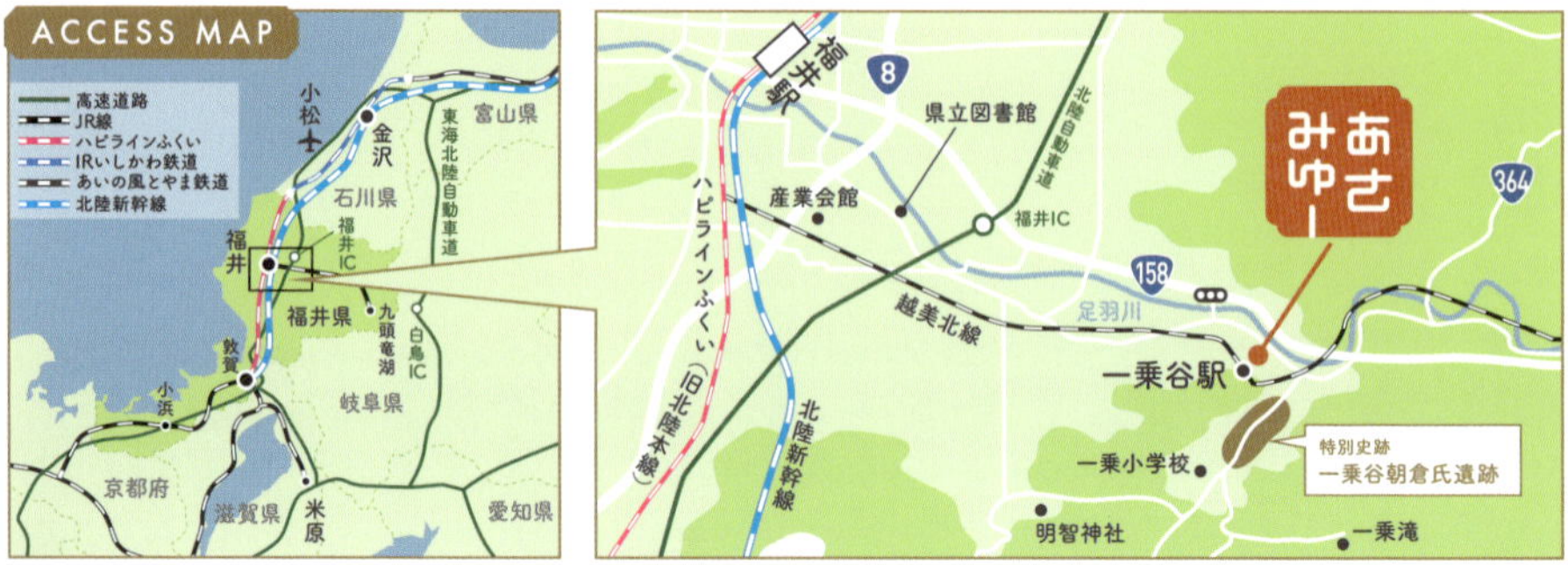

アクセス

JR
越美北線：JR福井駅 —（15分）— 一乗谷駅下車 —（3分）— 博物館

バス
朝倉・永平寺ダイレクトバス：JR福井駅（東口 一乗谷口）—（16分）— 一乗谷朝倉氏遺跡博物館前 — 博物館
一乗谷東郷線：JR福井駅（西口 福井城址口）—（25分）— 一乗谷朝倉氏遺跡博物館前 — 博物館

車
国道158号線：北陸自動車道福井IC —（8分）— 博物館

※公共交通機関の本数および、駐車場には限りがありますのでご注意ください。

朝倉・永平寺ダイレクトバス

遺跡周遊バス 唐門号

福井県立一乗谷朝倉氏遺跡博物館

- 時間　9：00～17：00（入館は16：30まで）
- 休館日　月曜日、年末年始
  ※その他、臨時に休館することがあります。博物館HPでご確認ください。
- 入館料　一般700円、高校生400円、小中学生200円、70歳以上350円
  ※団体（20名様以上）は2割引　※特別展の観覧料は別に定めます。
  ※年間パスポートあり　※復原町並との共通券あり
- 問い合わせ先　〒910-2151 福井市安波賀中島町8-10　TEL：0776-41-7700　E-mail：asakura@pref.fukui.lg.jp

復原町並（特別史跡一乗谷朝倉氏遺跡内）

- 営業時間　9：00～17：00（入場は16：30まで）
- 定休日　年末年始
- 料金　［個人］大人（15才以上）：330円、小・中学生：100円、70才以上：100円
  ［団体］※20人以上の場合　大人（15才以上）：260円／1人当たり、
  小・中学生：80円／1人当たり、70才以上：80円／1人当たり
- 休業日　年末年始（12月28日～1月4日）
- 問い合わせ先　（一社）朝倉氏遺跡保存協会
  〒910-2153 福井市城戸ノ内町28-37　TEL：0776-41-2330　E-mail：asakura@mx3.fctv.ne.jp

一乗谷朝倉氏遺跡の概要

当遺跡《いせき》は、戦国時代の城下町《じょうかまち》全体が遺跡となって残された、全国でもまれな大規模遺跡です。昭和46年に278haが国の特別史跡に指定され、以来、50年以上にわたり、発掘調査《はっくつちょうさ》と整備が続けられてきました。また、平成3年には遺跡内の4つの庭園が国の特別名勝《とくべつめいしょう》となり、さらに平成19年には、遺跡からの出土品2,343点が国の重要文化財《じゅうようぶんかざい》に指定されました。朝倉当主《あさくらとうしゅ》の館《やかた》跡をはじめ、武家屋敷《ぶけやしき》や道路などの町並《まちなみ》を復原した地区、上《かみ》・下城戸《しもきど》跡、石仏《せきぶつ》群の残る寺院跡、標高473mの山上に築かれた一乗谷城跡など、谷全体に多くの見どころが点在しています。

博物館の概要

2022年10月1日、栄華《えいが》を誇った戦国城下町《じょうかまち》の全体像や歴史的価値を楽しみながら学べる「一乗谷朝倉氏遺跡博物館」が開館しました。5代当主の朝倉義景《あさくらよしかげ》が暮らした朝倉館《やかた》の一部を原寸で再現しているほか、流通拠点・川湊《かわみなと》「一乗の入江」の一角とも考えられる石敷遺構《いしじきいこう》の露出《ろしゅつ》展示、城下の町並みを30分の1のスケールで再現した巨大なジオラマなどが見どころです。

カフェ

ミュージアムショップ

レンタサイクル

着付け体験

執筆者一覧

第**1**部

宮崎　認　一九七二年生まれ。現在、福井県立一乗谷朝倉氏遺跡博物館主任（文化財調査員）。

川越光洋　一九六九年生まれ。現在、福井県立一乗谷朝倉氏遺跡博物館副館長（調査研究）。

熊谷　透　一九八四年生まれ。現在、豊田工業高等専門学校建築学科助教。元、福井県立一乗谷朝倉氏遺跡博物館主査（文化財調査員）。

田中祐二　一九七四年生まれ。現在、福井県立一乗谷朝倉氏遺跡博物館主任（文化財調査員）。

第**2**部

中井　均　一九五五年生まれ。現在、滋賀県立大学名誉教授・福井県朝倉氏遺跡研究協議会委員・公益財団法人日本城郭協会評議員。

石川美咲　一九九一年生まれ。現在、福井県立一乗谷朝倉氏遺跡博物館主査（学芸員）。

新谷和之　一九八五年生まれ。現在、近畿大学文芸学部准教授。

藤田若菜　一九八六年生まれ。現在、福井県立一乗谷朝倉氏遺跡博物館主査（文化財調査員）。

渡邊英明　一九九一年生まれ。現在、福井県立一乗谷朝倉氏遺跡博物館主査（学芸員）。

【編者略歴】

福井県立一乗谷朝倉氏遺跡博物館（ふくいけんりついちじょうだにあさくらしいせきはくぶつかん）

令和4年（2022）10月1日開館。博物館の愛称は、朝倉氏の「あさ」、ミュージアムの「みゅー」からとった「あさみゅー」。

基本展示室では朝倉氏の歴史と城下町一乗谷について、重要文化財を含む豊富な出土品をもとに展示紹介しているほか、朝倉氏当主の館の一部を原寸で再現した「朝倉館原寸再現」や博物館建設の事前発掘調査で見つかった石敷遺構を見学できる「遺構展示室」を設けている。

春風亭昇太《しゅんぷうていしょうた》と語《かた》る一乗谷朝倉氏遺跡《いちじょうだにあさくらしいせき》

2025年3月31日　初版初刷発行

編　者　福井県立一乗谷朝倉氏遺跡博物館

発行者　伊藤光祥

発行所　戎光祥出版株式会社

〒102-0083東京都千代田区麹町1－7相互半蔵門ビル8F

TEL：03-5275-3361（代表）　FAX：03-5275-3365

https://www.ebisukosyo.co.jp

制作協力　株式会社イズシエ・コーポレーション

印刷・製本　株式会社シナノパブリッシングプレス

装丁・本文デザイン　川本 要

ISBN978-4-86403-572-9